EL ARTE DE BORDAR

Cristina Alcántara

EL ARTE DE BORDAR

Explora tu potencial creativo puntada a puntada

Primera edición: octubre, 2024

Editorial Arcopress • Colección Craft
Dirección editorial: Pilar Pimentel
Edición: Rebeca Rueda
Diseño y maquetación: Fernando de Miguel
Fotos de cubierta y biografía: Agustina Malva
En interior:
Fotografía: Cristina Alcántara, Agustina Malva y Annie de la Paz.
Ilustraciones de los puntos: Analía Fratti
Edición de video: Agustina del Buono

www.editorialalmuzara.com
pedidos@almuzaralibros.com - *info@almuzaralibros.com*

Editorial Almuzara
Parque Logístico de Córdoba. Ctra. Palma del Río, km 4
C/8, Nave L2, nº 3. 14005 - Córdoba

Imprime: Gráficas La Paz
ISBN: 978-84-10354-08-1
Depósito Legal: CO-1716-2024
Hecho e impreso en España - Made and printed in Spain

A Gala, mi pequeña ayudante. Para que encuentres inspiración en cada puntada y recuerdes que todo es posible cuando seguimos nuestros sueños con pasión, esfuerzo y creatividad.

Índice

Introducción

Hola, soy Cristina, aunque seguramente me conozcas como Camomille Creations, mi *alter ego* en el mundo del bordado. Quizás te sorprenda saber que soy economista de profesión, pero me considero artista de corazón, y es por eso por lo que, hace ya más de siete años, decidí convertir este *hobby* en mi trabajo a tiempo completo.

Puede que alguna vez te hayas preguntado a qué se dedica una bordadora. Como artista textil, personalizo piezas de bordado e intervengo en todo tipo de prendas y complementos. También diseño y creo patrones, y he colaborado con revistas del sector. Asimismo, he tenido el placer de asistir como artista invitada a ferias y eventos de grandes marcas internacionales y hago colaboraciones con marcas. Pero, sobre todo, con lo que más disfruto en mi profesión es enseñando. He realizado tutoriales y talleres de bordado en diferentes países, como Chile, Estados Unidos y España. Algunos de mis vídeos superan los veinte millones de reproducciones y por mis clases presenciales han pasado miles de alumnos. Y ahora estoy aquí, contándote mi historia y compartiendo contigo lo que más me gusta hacer, que es bordar, para alentarte a explorar su belleza y tu talento.

Debo reconocer que he tenido inquietudes artísticas desde que tengo uso de razón. Cuando era pequeña, el dibujo y la pintura siempre estaban presentes en mi vida. En parte, gracias a mi hermana mayor, quien, para mí, es la artista de la familia y una persona absolutamente inspiradora.

El arte textil llegó a mí en forma de punto de cruz. Quizás recuerdes aquel *spot* publicitario de los fascículos de «Facilísimo», de Planeta Agostini. Tenía una cancioncilla superpegadiza, con la que se anunciaba una colección de manuales para aprender punto de cruz. Pues bien, yo debía tener diez años cuando salió a la venta la primera entrega, en la que —lo recordaré toda la vida— regalaban una madeja de hilo *mouliné* de la marca DMC de color rojo. Mi madre se extrañó muchísimo al verme aparecer con aquel cuadernillo, ya que en casa ni ella ni nadie habían hecho jamás punto de cruz. Sin embargo, aunque no era algo común en mi familia, sí había visto a mis amigas del pueblo hacer servilletas, bolsas de pan y cuadritos para el baño a base de puntadas, y aquello me llamó enormemente la atención.

Pasaron los años y, de vez en cuando, retomaba el punto de cruz, aunque jamás completaba ningún proyecto. Más adelante, en cambio, dejé mis *hobbies* artísticos y me centré en mis estudios. Me licencié en Economía, cursé un máster en Finanzas y, más tarde, un posgrado en Product Management. Trabajé como auditora en una de las Big Four, una empresa internacional de servicios profesionales, gracias a la cual me mudé de Barcelona, mi ciudad natal, a Santiago de Chile.

Estando en ese país, sustituí las finanzas por el maquillaje y empecé a trabajar en el sector de la cosmética y los productos de belleza. Recuerdo aquella época con muchísimo cariño. Y de repente un día, mientras visitaba una tienda de manualidades, se me ocurrió comprar unas cuantas madejas de hilo y, de forma totalmente autodidacta, empecé a bordar.

Mi interés por el bordado fue creciendo y, en alguna ocasión, incluso me animé a reunir a unas amigas para enseñarles cómo hacer algunos puntos. En esos momentos ni siquiera se me hubiera ocurrido pensar que el bordado pasaría a ser mi trabajo y mi forma de vida.

De Chile me mudé a Estados Unidos, concretamente a la ciudad de Houston, en el estado de Texas. Por motivos burocráticos y temas de visado, debía esperar unos meses para poder trabajar. Pero la verdad es que eso de estar parada nunca ha sido lo mío; así que enseguida me puse a bordar. Cada vez que acababa un proyecto, lo compartía con mis amigos y familiares, y fueron estos quienes me animaron a vender mis creaciones.

Si algo tiene el bordado, es que requiere muchas horas de trabajo, por lo que sabía que, si quería hacer negocio con ello, no podía quedarme ahí. Necesitaba un producto escalable, y entonces fue cuando se me ocurrió vender mis diseños en *kits* de bordado. Unas cajitas que contenían todos los materiales necesarios y las instrucciones para realizar un proyecto en concreto. Así fue como nació mi empresa, Hoops and Expectations, a la que más tarde le cambiaría el nombre por Camomille Creations.

Siempre que cuento mi historia me gusta insistir en que, desde el principio, Camomille fue ideada para ser un oficio, no un *hobby*. Antes de colgar mi primera foto en Instagram, trabajé durante meses en un plan de negocio y de *marketing*. Mi experiencia profesional me ayudó muchísimo a tener una visión completa a medio y largo plazo. Sin embargo, como les sucede a muchas emprendedoras, tuve que aprender de todo, desde cómo hacer una página web hasta cómo encontrar el mejor proveedor para mis envíos. Fueron muchas las horas bordando, diseñando, grabando y estudiando a mi competencia. Me dediqué todo un año a formarme e ir construyendo mi empresa. Si en ese tiempo me demostraba a mí misma que podía vivir del bordado, seguiría adelante, y aquí estoy siete años más tarde.

Entre medias, volví a cambiar de ciudad. Esta vez, a Nueva York. Un sueño hecho realidad. Aunque parezca un cliché, fue en esta maravillosa ciudad en la que florecí personal y profesionalmente. En lo personal, porque nació mi hija Gala y, en lo profesional, porque tuve el placer de trabajar como artista textil con grandes marcas.

La vuelta a Barcelona me daba mucho vértigo, para qué negarlo… Por suerte, supe adaptarme al cambio y, aunque me costó arrancar de nuevo, el bordado seguía siendo mi trabajo y mi fuente de ingresos. Las colaboraciones con marcas, los talleres y mis productos poco a poco se fueron haciendo hueco en el mercado español. Y si has llegado hasta aquí, ya sabes a lo que me condujo todo ello: a escribir mi propio manual sobre el fascinante arte de bordar.

Este libro llevaba años en mi cabeza y, por fin, es una realidad. Tengo que admitir que lo que al principio parecía una idea descabellada acabó convirtiéndose en un pensamiento recurrente, una obsesión, más bien. ¡Qué bonito tener un libro y compartir físicamente, y no solo *online*, todo lo que he ido aprendiendo a lo largo de estos años!

Tras una relación de amor-odio con las redes sociales, me he dado cuenta de que lo que más me gusta de compartir mis proyectos en Instagram es el hecho de inspirar a otras personas. Me emociono con cada foto que recibo de bordados hechos a partir de mis diseños y me alegra enormemente pensar que alguien está creando algo con sus manos basándose en mis creaciones. Con este libro, espero replicar lo que llevo haciendo años en redes: ayu-

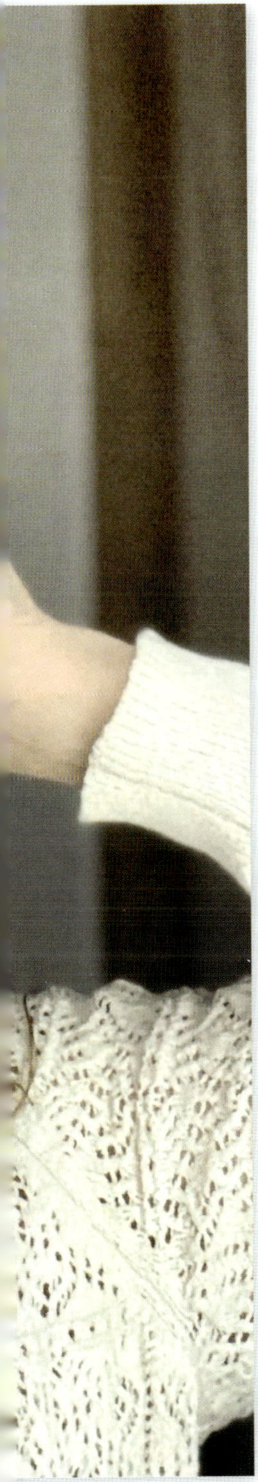

darte a explorar el potencial creativo que guardas en tu interior y que descubras, puntada a puntada, el arte del bordado.

Para mí, el bordar supone una forma increíble de expresar mi creatividad, cosiendo a mano diseños en tela u otros materiales. Hoy en día, se puede tener casi todo al instante y parece que vivimos en un estado constante de estrés. Pero creo que el bordado es una vía de escape a todo eso. Implica volver a tener paciencia y recuperar un momento de relax, y te invita a estar contigo misma. Es crear algo con tus propias manos y disfrutar del proceso. Y además, está de moda, es algo actual que vemos cada vez más en ropa, complementos y un sinfín de artículos que compramos. ¿Por qué no hacerlo por ti misma?

Si has llegado hasta mí, seguramente seas una persona a la que le gustan las cosas bonitas y hechas a mano. Tienes predilección por las artes textiles y eres una detallista empedernida. Valoras los productos únicos y te gustan mucho las flores. Aunque en tu ajetreada vida no hay casi hueco para nada, siempre encuentras un momento para dedicártelo a ti y a tus aficiones. Por todo ello, espero que este libro te llene de ganas de hacer y de crear, y que lo disfrutes tanto como yo. Encontrarás en él doce proyectos, de distintos niveles, en los que, además de mostrarte el paso a paso para realizar diferentes bordados, te propongo un reto creativo para sacar a la bordadora que llevas dentro. ¿Empezamos?

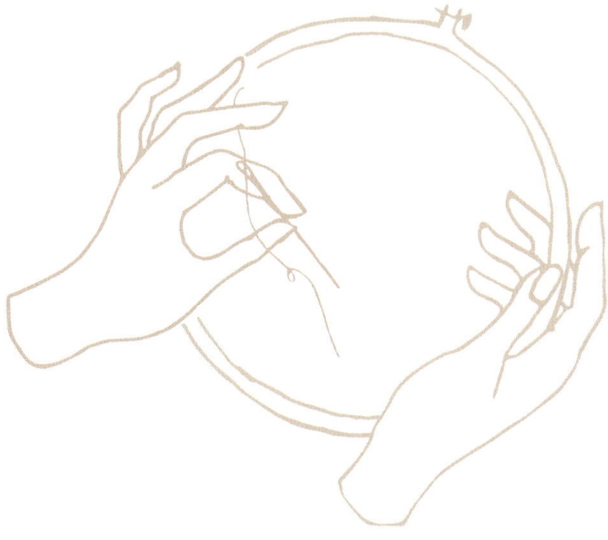

MATERIALES

Antes de empezar a hablar de lleno sobre materiales, me gustaría insistir en la importancia que tiene el utilizarlos de buena calidad. A lo largo de este libro te darás cuenta del tiempo, dedicación y esfuerzo que requiere un bordado, por lo que, si te paras a pensarlo, sería una pena que, por utilizar materiales poco adecuados, nuestro bordado se echara a perder. Es por ello por lo que siempre te voy a recomendar los mejores materiales y las mejores marcas.

Si bien hace unos años yo empezaba todos mis talleres explicando a mis alumnas lo barata que era esta afición, pronto te darás cuenta de que, como ocurre en la mayoría de las artes textiles, las materias primas, como los hilos o las telas, se han encarecido considerablemente. Antes, una madeja de hilo no llegaba al euro y, en cambio, ahora vale casi el doble. No obstante, merece la pena invertir en buenos materiales; de esta forma, te aseguro que tu bordado durará varias generaciones.

Hay muchísimos materiales que podemos utilizar a la hora de bordar. Cuando estamos empezando, es fácil sentirse abrumada por la cantidad de información y opciones que podemos encontrar, pero no te preocupes, has llegado al lugar correcto. A continuación, te voy a presentar los materiales que, en base a mi experiencia, considero que son los imprescindibles al momento de iniciarse en el bordado. Verás que he conseguido reducir esa lista a tan solo cinco, aunque a ellos he sumado algunos materiales extra que te serán muy útiles y te facilitarán mucho el trabajo.

MATERIALES IMPRESCINDIBLES

TELA. Para bordar, lo primero que necesitas es la base en la cual plasmarás tus diseños. Lo más habitual es que esta base sea una tela. La tela puede ser un pedazo que más tarde utilices para un proyecto en concreto, como un cojín o una bolsa. Seguramente una de las cosas que más te llama la atención del bordado es la posibilidad de intervenir piezas de ropa o complementos ya existentes. En ese caso, bordarías sobre la tela de esas piezas.

Sea cual sea tu preferencia, la elección de la tela adecuada es crucial para el éxito de tu proyecto. Si estás empezando a bordar y aún te sientes poco familiarizada con el arte textil, es importante comenzar con una tela que tenga la firmeza y estabilidad necesarias

para soportar los hilos y las puntadas sin deformarse. Es por eso por lo que te recomiendo que empieces utilizando o interviniendo telas poco elásticas.

Pero, si lo que quieres es bordar directamente en un pedazo de tela, lo mejor es hacerlo en algodón 100 %, ya que es una opción versátil, fácil de trabajar y de encontrar. También se trata de un material asequible y lo puedes encontrar en una gran variedad de formatos: *flat quarter*, por metros, a medida, etc. También puedes probar con algunos tipos de lino, el cual destaca por su durabilidad y textura natural. Personalmente, es una de mis telas favoritas, y lo utilizo muchísimo a la hora de bordar. Asimismo, la muselina, la arpillera y el lienzo para bordar son opciones populares que ofrecen una buena base para tus proyectos.

Por otra parte, si planeas bordar sobre prendas de vestir o accesorios, es importante elegir telas que sean lo suficientemente resistentes y estables para soportar el bordado. Los vaqueros y las *tote bags* son excelentes opciones.

Además de la tela, también puedes considerar otros materiales como base para tus proyectos de bordado. El fieltro, por ejemplo, es una buena elección por su textura suave y su capacidad para retener las puntadas de manera segura. Puedes utilizarlo para crear decoraciones bordadas, como guirnaldas de nombres o incluso adornos para el árbol de Navidad. Para proyectos en fieltro, escoge fieltro de buena calidad, 100 % de lana, y que tenga suficiente grosor para soportar las puntadas sin desfigurarse. Si utilizas fieltro sintético, verás que tiene un tacto más acartonado y que no se moldea y adapta tan bien como el de lana. Es más difícil bordar en él y queda menos estético.

En general, yo siempre utilizo telas lisas, de colores claros y naturales. En ocasiones, también uso telas con dibujos o estampados. La elección de un tejido u otro dependerá del proyecto y el diseño de tu bordado. En cualquier caso, te recomiendo que pruebes y experimentes. Visita tiendas locales, de tu barrio o alrededores; déjate asesorar por las dependientas, y toca y siente la tela. Habrá ocasiones en las que tengas muy claro qué tipo de materia necesitas para llevar a cabo una idea; otras veces, te harás primero con la tela y después pensarás en cómo bordarla. A mí me pasa constantemente. ¡Déjate inspirar por el tejido y anímate a crear!

HILO. Al adentrarnos en el mundo del bordado, nos encontramos con una amplia variedad de hilos, cada uno con sus propias características y aplicaciones.

Uno de los más populares y versátiles es el hilo *mouliné* de seis hebras de la marca DMC, una opción excelente para comenzar cualquier proyecto de bordado. Este hilo se presenta en forma de madeja de ocho metros compuesta de seis hebras. Está hecho de algodón egipcio 100 %, por lo que es muy suave y brillante, y cuenta con una muy buena calidad, lo que se traduce en que el hilo no se rompe ni se destiñe.

Todas las madejas de hilo tienen un número en la base, que corresponde al color. Esta numeración es fundamental para seleccionar los tonos adecuados para tu proyecto. Hay muchísimas referencias, tantas como quinientas, y puedes consultarlas todas en su carta de color. Seguramente, la mercería de tu barrio tendrá una carta de color disponible que podrás consultar cuando compres hilos, aunque también puedes echarle un vistazo directamente en la página web de la marca.

Para conservar la madeja de manera ordenada y evitar enredos, es importante aprender a manipular el hilo correctamente. Siempre debes estirar del pedacito suelto que está en la base de la madeja, donde se encuentra el número. De esta manera, el hilo se soltará de cuidadosamente y sin marañas.

Una pregunta común entre los principiantes del bordado es cuánto hilo utilizar. Una regla práctica que suelo

emplear es tomar como referencia la longitud de mi brazo. Simplemente, cojo el hilo con los dedos índice y pulgar y estiro hasta mi hombro. Esta medida es ideal, ya que no es demasiado larga, y así se evitan enredos durante el trabajo, pero tampoco tan corta que requiera enhebrar la aguja continuamente.

Una de las características distintivas del *mouliné* es su capacidad de adaptación. Está compuesto, como ya he mencionado, por seis hebras, que pueden separarse según las necesidades del proyecto. Por ejemplo, si deseas un bordado con más textura y relieve, puedes emplear las seis hebras juntas para puntadas más gruesas. Por otro lado, si buscas un efecto más delicado y suave, puedes utilizar una o dos hebras, creando puntadas más finas y continuas.

Para separar las hebras, simplemente desenrosca un poco la punta del hilo. Te recomiendo sacarlas en vertical, una a una, para que no se creen marañas. Una vez estés más familiarizada con el hilo, podrás experimentar el sacar las hebras a la vez. Al enhebrar la aguja, deja un pedazo corto de hilo colgando y haz un nudo en el extremo más largo. Este evitará que el hilo se escape mientras trabajas.

Además del *mouliné* clásico, existen muchas variaciones de este hilo, como el *mouliné* «Variation», que cambia de color y, gracias a ello, puedes conseguir efectos de degradado, o el *mouliné* «Efectos Luminosos», que brinda resultados brillantes y metalizados.

Por otro lado, hay otros tipos de hilos hechos con una sola hebra y que, por tanto, no se dividen, como el algodón perlé de DMC. El hilo tiene torsión, lo que significa que la hebra está enrollada entre sí. Es muy suave al tacto y lo podemos utilizar para conseguir otro tipo de texturas que el *mouliné* no puede ofrecer. También cuenta con variaciones y se puede encontrar tanto en formato de madeja como de bobina. Está disponible en varias longitudes y grosores.

En resumen, el hilo es una herramienta fundamental en el mundo del bordado, y comprender sus características y cómo trabajar con él puede marcar la diferencia en la calidad y apariencia de tus proyectos.

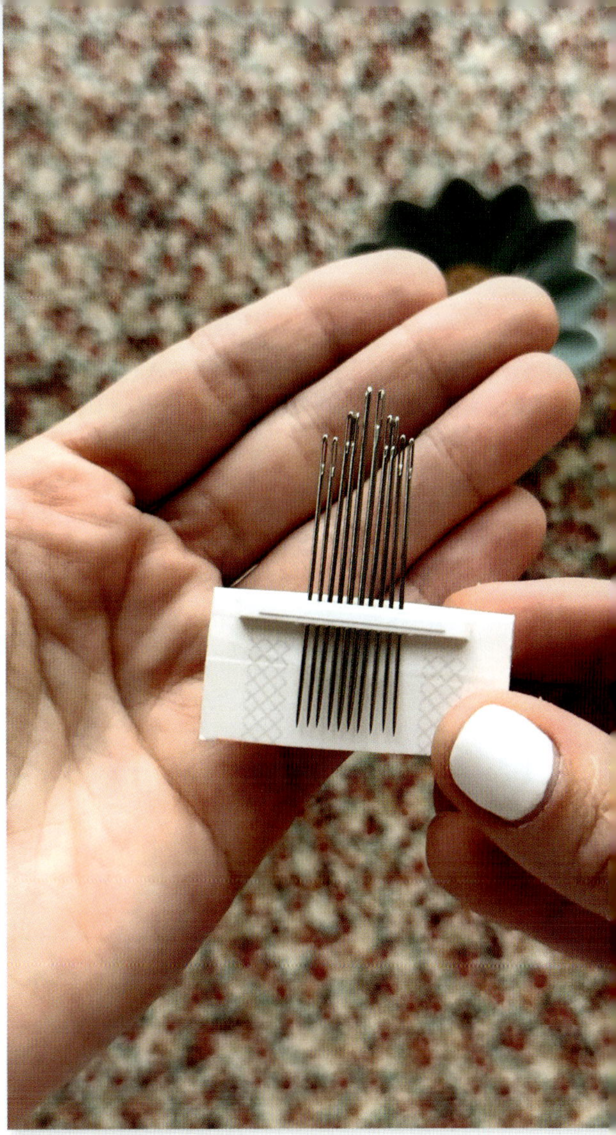

AGUJA. Las agujas de bordar se caracterizan por tener un ojo bastante grande para permitir que todas las hebras del hilo pasen con facilidad a través de ellas. Este diseño facilita el enhebrado y asegura que el hilo no se deshilache.

A continuación, te mostraré los diferentes tipos de agujas de bordado:

— **Agujas de bordado clásicas (o de ojo largo).** Estas agujas tienen un ojo largo y grande, lo que permite enhebrar múltiples hebras de hilo de bordado. Son las más comunes y se usan para la mayoría de los proyectos de bordado.
— **Agujas de punta de bola.** Estas agujas tienen una punta redondeada que se desliza entre los hilos de la tela sin perforarla, reduciendo el riesgo de dañar el tejido. Son ideales para bordar telas delicadas o elásticas.
— **Agujas de chenilla.** Con un ojo más grande y una punta afilada, las agujas de chenilla son perfectas para trabajos con hilos gruesos y para bordar en telas pesadas, como la lana o el terciopelo.
— **Agujas de tapicería.** Tienen un ojo grande y una punta roma, y son diseñadas para trabajos en punto de cruz sobre tela Aida o lino.

Las agujas vienen en distintos tamaños, numeradas de acuerdo con su grosor. Normalmente, cuanto más grande es el número, más pequeña es la aguja. Es crucial adaptar el tamaño de la aguja al tipo de tejido con el que estamos trabajando:

— **Tejidos gruesos.** Para bordar en telas gruesas, como vaquero, lona o fieltro, se recomienda usar agujas más grandes, como las del número 1. Estas agujas tienen la fortaleza y el grosor necesarios para atravesar tejidos resistentes sin doblarse.
— **Tejidos finos.** Cuando se trabaja con telas finas o más delicadas, como algodón o lino, se deben usar agujas más pequeñas, como las del número 3 o del 5. Esto ase-

gura que el agujero que hace la aguja al pasar sea pequeño y discreto, manteniendo la integridad del tejido.

Te recomiendo comprar un *pack* de agujas con diferentes tamaños. Tener un *set* de agujas es útil para adaptarse a los diversos proyectos de bordado. Un *pack* variado te permitirá seleccionar siempre la aguja adecuada según el tipo de tela y el grosor del hilo que vayas a utilizar.

No dudes en experimentar con diferentes tamaños y tipos de agujas para encontrar las que mejor se adapten a tu estilo de bordado y a los materiales que uses con más frecuencia.

TIJERAS O CORTAHILOS. Lo importante a la hora de escoger unas tijeras para bordar es que sean pequeñas y afiladas. Es fundamental que hagan un corte limpio, para que el hilo no se deshilache y sea más fácil enhebrar la aguja. Las podemos encontrar de dos clases:

- **Tijeras de bordado clásicas.** Son pequeñas y tienen puntas muy finas y afiladas. Resultan ideales para cortar hilos con precisión y para realizar pequeños cortes en la tela. Su diseño permite acceder a áreas difíciles sin dañar la tela de alrededor.
- **Tijeras de tela.** Aunque son más grandes que las de bordado, las tijeras de tela son imprescindibles para cortar piezas de tela antes de empezar a bordar. Asegúrate de usarlas exclusivamente para tela, ya que cortar otros materiales puede desafilar sus hojas rápidamente.

Busca tijeras con un diseño ergonómico que se ajusten cómodamente a tu mano. Esto es importante si pretendes bordar durante horas y no acabar con molestias en las manos.

Además, las tijeras deben ser de buena calidad. Las de acero inoxidable son una excelente opción, ya que son resistentes al óxido y mantienen su filo por más tiempo.

BASTIDOR. El bastidor es una pieza redonda de madera, bambú, metal o plástico —yo, personalmente, siempre utilizo de madera o bambú— que sirve para mantener la tela tensa. Consta de dos partes: un aro externo con un tornillo y un aro interno.

Existen de muchísimos tamaños, y puedes utilizar de una medida u otra en función del proyecto que quieras realizar. Cuando bordo, casi siempre utilizo un bastidor de trece centímetros, pero te recomiendo que tengas dos o tres tamaños a mano y pruebes con cuál te sientes más cómoda.

El bastidor, además de ayudar a mantener la tela tensa, también puede ser un elemento decorativo y se puede colgar o poner en un estante. Más adelante, te propongo un par de proyectos en los que utilizarás el bastidor como marco.

Para utilizarlo, debes aflojar el tornillo y separar ambas partes. Coloca el aro interior, el que no tiene tornillo, debajo de la tela, y pon el aro con tornillo sobre la tela. Una vez encajadas las dos partes, vuelve a apretar el tornillo. Tira suavemente de los extremos de la tela para asegurarte de que esté bien tensa y sin arrugas.

MATERIALES EXTRA

PATRÓN. Además de los materiales imprescindibles, hay una serie de materiales extra muy útiles a la hora de bordar. Uno de

ellos es el patrón, un elemento fundamental que guía el proceso de bordado y define el diseño final.

Cuando bordamos, podemos hacer bordado libre y, simplemente, ir haciendo puntos sin seguir un dibujo o sin necesidad de tener el boceto en la tela. Pero lo más probable es que quieras realizar un diseño en concreto, y para ello necesitarás un patrón. El patrón es, esencialmente, el mapa del bordado, es decir, el dibujo o esquema que se va a reproducir en la tela mediante puntadas.

Puede tomar la forma de una imagen impresa en papel o un dibujo directamente trazado en la tela. Los patrones vienen en una variedad muy amplia de formas y fuentes, desde libros de diseño y revistas de bordado hasta *kits* de bordado y patrones descargables en línea.

Existen diferentes tipos de patrones que se adaptan a distintas técnicas de bordado. Por ejemplo, los patrones de punto de cruz son representaciones gráficas de diseño en una cuadrícula, donde cada cuadro representa un punto de bordado. Por otro lado, los patrones tradicionales de bordado pueden ser dibujos libres en la tela que se siguen con puntadas de bordado.

Algo que personalmente me encanta es la posibilidad de hacer mis propios patrones. Imaginar, diseñar y crear mis propios dibujos para después plasmarlos en la tela es de mis aficiones favoritas. Un buen patrón no solo guía el proceso de bordado, sino que también influye en el resultado final.

BOLÍGRAFO O ROTULADOR DE TELA. Para plasmar el patrón en la tela, necesitarás un bolígrafo o rotulador especial para ello. Ambos son herramientas útiles para marcar el diseño en la tela antes de comenzar a bordar, pero tienen diferencias importantes en su funcionamiento y aplicación.

La principal diferencia entre un bolígrafo y un rotulador está en cómo desaparecen las marcas una vez que se ha completado el bordado. El bolígrafo de tela desaparecerá al aplicar calor, ya sea con una plancha o con un secador de pelo. Por otro lado, el rotulador de tela es soluble en agua, lo que significa que las marcas desaparecerán al entrar en contacto con unas gotas de agua.

El bolígrafo de tela que desaparece con calor es ideal para proyectos donde se necesita una guía temporal que se esfume rápidamente. Por ejemplo, es útil para marcar líneas de referencia o contornos en la tela antes de bordar. También son ideales para proyectos con detalles finos y delicados. En general, es mi opción preferida.

PAPEL ADHESIVO SOLUBLE EN AGUA. Cuando el patrón es más complejo, con más detalles, o si la tela que quieres bordar es oscura y no te permite calcar el diseño, te recomiendo utilizar papel de bordar —yo no puedo vivir sin él—. Se trata de un papel adhesivo y soluble en agua, especial para bordar.

Para utilizarlo, el patrón se dibuja o imprime directamente en el papel adhesivo. Luego, se recorta cuidadosamente el diseño y se coloca en la tela con la parte adhesiva hacia abajo. Al aplicar una ligera presión, el papel se adhiere firmemente a la tela, proporcionando una guía clara para el bordado. Una vez que se completa el bordado, el papel adhesivo soluble se elimina simplemente mojándolo con agua tibia. El papel se disuelve completamente, dejando el diseño bordado intacto en la tela.

Como te digo, es preferible utilizar agua caliente, pero con agua fría también sirve. Si es una prenda de ropa que puedes meter en la lavadora, te recomiendo que lo hagas, ya que el bordado no se daña y queda intacto. Si, por el contrario, se trata de una tela delicada con la que no puedes utilizar la lavadora, puedes mojar la tela poniéndola directamente debajo del grifo hasta que el papel desaparezca. Si, al secarse la tela, el hilo queda pegajoso o un tanto tieso, es porque todavía contiene restos de adhesivo, por lo que deberás mojar la tela de nuevo.

Este tipo de papel es difícil de encontrar. En las mercerías normalmente está disponible en formato de rollo y, en ocasiones, sin adhesivo. Lo ideal es disponer de papel en formato folio A4, para poder usarlo en la impresora de casa. Las buenas noticias son que puedes encontrarlo en mi web.

ENHEBRADOR. Como su nombre indica, te va a permitir enhebrar la aguja de forma rápida y sencilla. No es que reniegue del «truquito de la abuela» de mojar la punta del hilo con los labios —de hecho, es algo que hago constantemente—, pero el enhebrador ofrece una alternativa más higiénica y eficiente.

Una de las principales ventajas del enhebrador es su capacidad para simplificar el enhebrado de la aguja, especialmente para personas con problemas de visión o destreza limitada en las manos.

Existen diversos tipos de enhebradores disponibles en el mercado. Algunos cuentan con una punta metálica más delgada para enhebrar agujas más pequeñas, mientras que otros están diseñados con asas ergonómicas para facilitar su uso.

Para utilizarlo, solo tienes que insertar la parte metálica por el ojo de la aguja. Luego, se pasa el extremo del hilo a través de esta parte metálica, dejándolo colgando. Finalmente, se tira del enhebrador hacia atrás para que el hilo pase a través del ojo de la aguja.

TRANSFERENCIA DE DISEÑOS

A continuación, quiero hablarte de las diferentes técnicas que puedes utilizar para transferir un diseño a la tela. Cómo hacerlas y cuándo utilizar una u otra.

CALCAR

La técnica de calcar se utiliza cuando la tela que quieres bordar es translúcida. También cuando el patrón es sencillo y con pocos detalles.

Para calcar, coloca la tela encima del patrón. Puedes utilizar un punto de luz, como una ventana, para ver mejor el patrón. Repasa las líneas del dibujo con un bolígrafo o rotulador para tela.

ROTULADOR DE TRANSFERENCIA

Se trata de un rotulador de punta gruesa con el que puedes transferir cualquier imagen del papel a la tela. Recomiendo este método cuando se trata de diseños pequeños, ya que el aplique del rotulador es un poco engorroso.

Simplemente tienes que imprimir el patrón en papel, ponerlo sobre la tela, aplicar el rotulador y pasar

una espátula o palo de madera por encima, para asegurar que se realiza bien la transferencia.

A mí, personalmente, no me gusta este método porque no se va el dibujo, por lo que tenemos que bordar encima, tratando de taparlo con el hilo.

PAPEL DEL CALCO O PAPEL CARBÓN

Se trata de una lámina de papel especial con una cara impregnada de tinta, cera o carbón. Al ejercer presión sobre el papel, este deja marcada la superficie sobre la que se aplica. De nuevo, es un método que recomiendo para proyectos pequeños y sencillos.

Necesitarás el diseño impreso en una hoja de papel normal. Coloca el papel carbón sobre la tela, con el lado que pinta tocando la misma. A continuación, pon el impreso del boceto sobre el papel carbón. Sigue las líneas del diseño con un lápiz o bolígrafo con punta y verás que el papel carbón marcará la tela.

De igual modo que el rotulador de transferencia, los trazos se quedan de forma permanente en la tela y después se han de disimular con los hilos, por lo que no es una técnica que personalmente utilice.

PAPEL ADHESIVO SOLUBLE

Este es, sin duda, mi método favorito, el que siempre utilizo. Te lo recomiendo si el diseño que has elegido es complejo y lleva muchos detalles. Además, es ideal para telas opacas. Recuerda: no utilices esta técnica si la tela que quieres bordar no se puede mojar, ya que el papel solo desaparecerá al contacto con el agua.

TIPOS DE PUNTOS

PUNTADAS CORTAS

La puntada corta es un punto básico que se utiliza para crear puntadas rectas y cortas. Es ideal para añadir detalles en forma de línea recta.

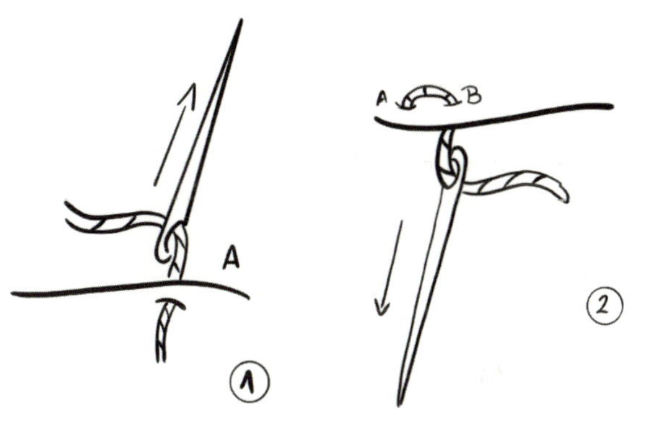

● Desde el reverso de la tela, inserta la aguja hacia el frente en el punto de inicio de tu línea de bordado (Punto A).

● Inserta la aguja hacia el reverso de la tela en el segundo punto de tu línea de bordado (Punto B), creando tu primera puntada.

PUNTADA LARGA Y CORTA

La puntada larga y corta es una técnica utilizada para crear degradados y transiciones suaves entre colores, dándole un aspecto realista y detallado a tus diseños. Es perfecto para rellenar figuras como animales o personas. También es ideal para rellenar superficies grandes.

● Desde el reverso de la tela, inserta la aguja hacia el frente en el borde de la forma (Punto A).

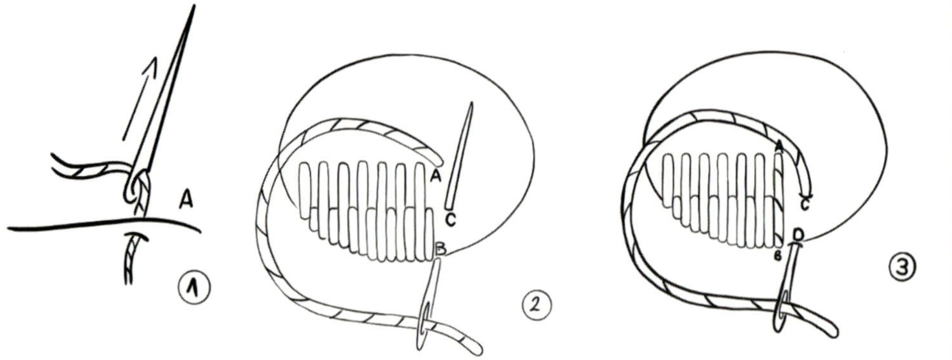

- Inserta la aguja hacia el reverso de la tela en el punto opuesto del borde interno de la forma (Punto B). Esta será una puntada larga.
- Para la siguiente puntada, inserta la aguja hacia el frente en un punto cercano a Punto A, pero ligeramente desplazado (Punto C).
- Inserta la aguja hacia el reverso en un punto cercano a Punto B, pero ligeramente desplazado (Punto D). Esta será una puntada corta.
- Continúa alternando entre puntadas largas y cortas, asegurándote de que las puntadas largas y cortas se mezclen de manera natural. La longitud de las puntadas debe variar ligeramente para evitar líneas rígidas y crear una transición suave.

PUNTO ATRÁS

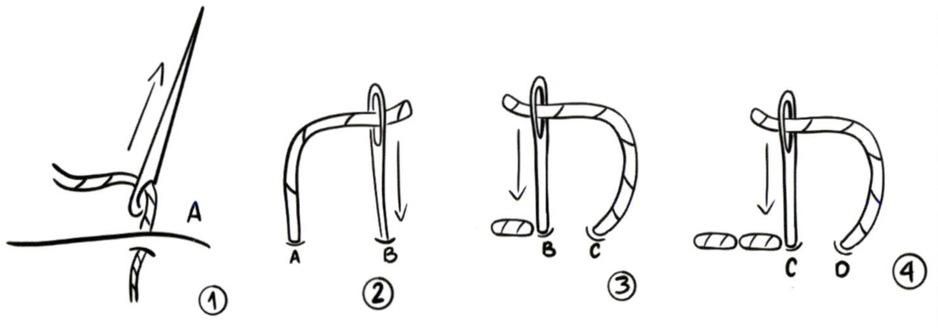

El punto atrás se utiliza para crear líneas continuas. Es ideal para repasar formas y figuras, o para escribir palabras o letras.

- Desde el reverso de la tela, inserta la aguja hacia el frente en el punto de inicio de tu línea de bordado (Punto A).

- Inserta la aguja hacia el reverso de la tela en el segundo punto de tu línea de bordado (Punto B), creando tu primera puntada recta.
- Deja un espacio, que debe estar a una distancia igual a la primera puntada. Desde el reverso de la tela, inserta la aguja hacia el frente en el tercer punto de tu línea de bordado (Punto C). Inserta la aguja de nuevo en el segundo punto (Punto B), hacia el reverso de la tela. Esto completará tu primera puntada atrás.
- Repite el proceso: inserta la aguja hacia el frente en el cuarto punto (Punto D) y luego inserta la aguja hacia el reverso en el tercer punto (Punto C).

Como ves, las puntadas siempre van hacia atrás, es por ello que este punto se llama «punto atrás».

PUNTO PARTIDO

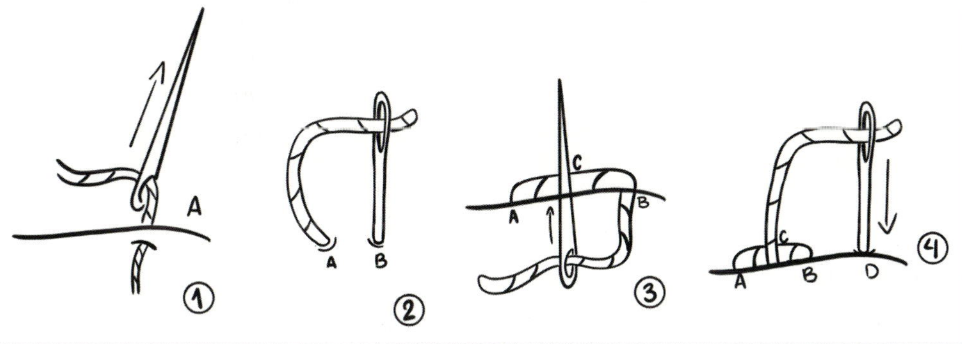

El punto partido es una puntada que, de igual forma que en el punto atrás, se utiliza para crear líneas continuas.

- Desde el reverso de la tela, inserta la aguja hacia el frente en el punto de inicio de tu línea de bordado (Punto A).
- Inserta la aguja hacia el reverso de la tela en el segundo punto de tu línea de bordado (Punto B), creando tu primera puntada recta.
- Desde el reverso de la tela, inserta la aguja hacia el frente, dividiendo la primera puntada por el centro. La aguja debe atravesar el hilo de la primera puntada (Punto C).
- Inserta la aguja hacia el reverso de la tela en el siguiente punto a lo largo de la línea de bordado (Punto D) y repite atravesando la puntada anterior.

PUNTO DE TALLO

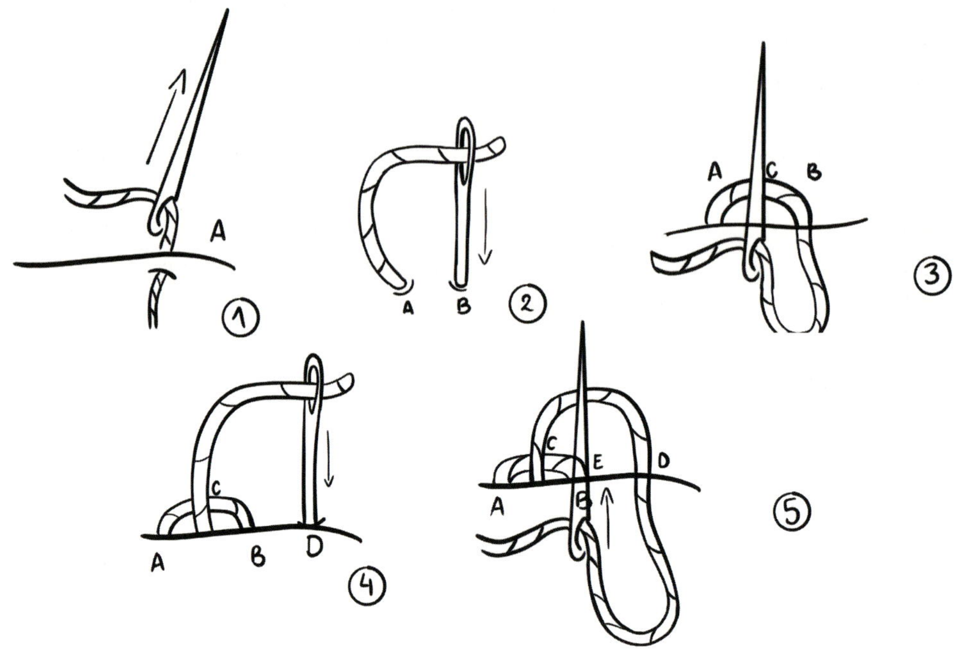

El punto de tallo también se utiliza para crear líneas continuas. Es ideal para bordar tallos de flores y otros elementos que requieran un efecto de línea continua, sin el corte que tiene, por ejemplo, el punto atrás.

- Desde el reverso de la tela, inserta la aguja hacia el frente en el punto de inicio de tu línea de bordado (Punto A).
- Inserta la aguja hacia el reverso de la tela en el segundo punto de tu línea de bordado (Punto B), pero sin estirar del todo el hilo, dejando un pedazo colgando.
- Desde el reverso de la tela, inserta la aguja hacia el frente en un punto cercano a la mitad de la primera puntada (Punto C) y, ahora sí, estira por completo, creando así tu primera puntada.
- Inserta la aguja hacia el reverso de la tela en el siguiente punto a lo largo de la línea de bordado (Punto D), pero sin estirar del todo el hilo, y de nuevo deja un pedazo colgando. Asegúrate de que esta puntada tenga la misma longitud que la primera.
- Inserta la aguja hacia el frente en el punto B y tira del hilo. Clava la aguja de nuevo a lo largo de la línea de bordado (Punto E) y continúa este proceso, hacia delante y hacia atrás, y siempre insertando la aguja en el punto anterior antes de estirar el hilo por completo.

PUNTO CADENA

El punto cadena es una puntada decorativa muy versátil que se utiliza para crear líneas y bordes con una textura similar a una cadena. Es ideal para contornos, detalles decorativos y rellenos.

- Desde el reverso de la tela, inserta la aguja hacia el frente en el punto de inicio de tu línea de bordado (Punto A).
- Inserta la aguja nuevamente en el mismo punto de salida (Punto A). Estira el hilo, pero no por completo, dejando un pedazo colgando con forma de lazo.
- Saca la aguja a una pequeña distancia (Punto B) a lo largo de la línea que estás bordando. Mantén la aguja siempre dentro del lazo.
- Tira del hilo hasta que el lazo se cierre y forme una cadena alrededor del Punto B.
- Inserta la aguja nuevamente en el punto de salida del lazo (Punto B). Estira el hilo, pero no por completo, dejando un pedazo colgando con forma de lazo.
- Sácala a una distancia similar a la primera puntada (Punto C). Mantén la aguja siempre dentro del lazo. Tira del hilo hasta que el lazo se cierre y forme una cadena alrededor del Punto C.

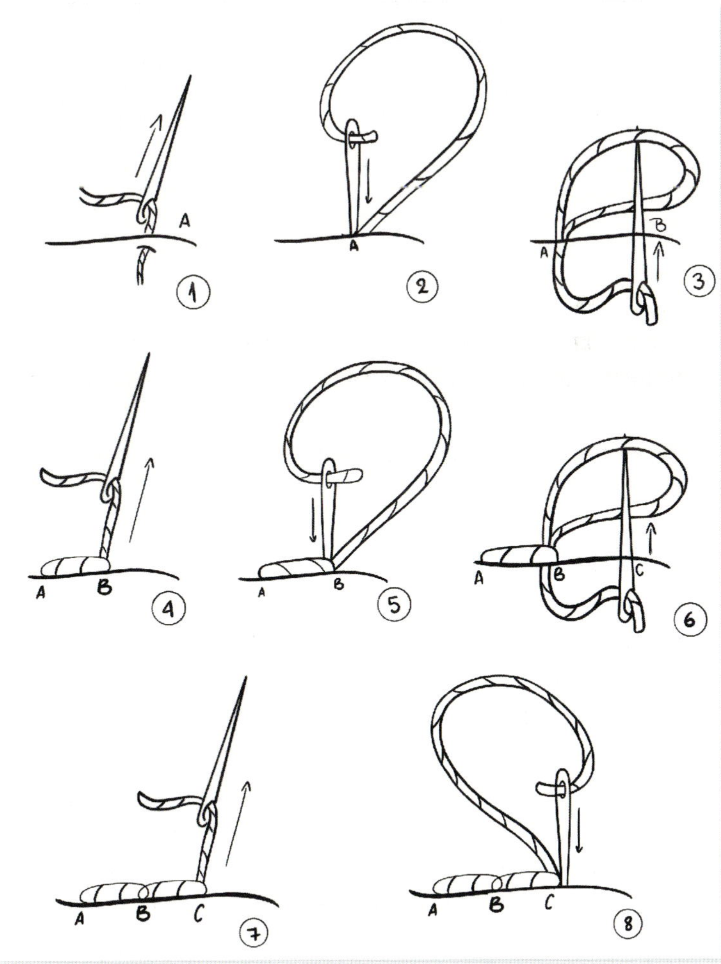

● Repite el proceso y continúa de esta manera, creando una serie de cadenas a lo largo de la línea de bordado.
● Una vez que hayas alcanzado el final de tu línea o diseño, cierra la última cadena insertando la aguja fuera del lazo y fijándola en la tela para asegurar el hilo.

PUNTO DE CADENA GRUESA

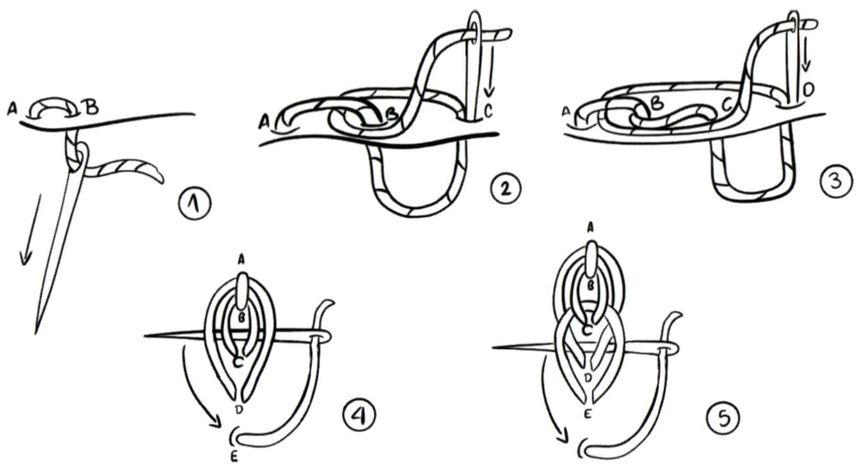

El punto de cadena gruesa es una variación del punto de cadena que se utiliza para crear líneas más gruesas. Es ideal para bordes, contornos y detalles decorativos que requieren una textura más gruesa.

● Crea una puntada corta, siendo el Punto A y B los puntos de inicio y final de la puntada.
● Deja un espacio, que debe estar a una distancia igual a la primera puntada. Desde el reverso de la tela, inserta la aguja hacia el frente en el tercer punto de tu línea de bordado (Punto C). Sin clavar la aguja en la tela, deslízala bajo la puntada inicial y clávala de nuevo en el punto de salida (Punto C) hacia el reverso de la tela, creando una primera cadena.
● Deja un espacio para crear una nueva cadena. Desde el reverso de la tela, inserta la aguja hacia el frente en el punto de inicio de tu nueva cadena (Punto D) y, sin clavar la aguja en la tela, deslízala bajo la puntada inicial (exactamente lo mismo que en el paso anterior). Clava la aguja de nuevo en el punto de salida (Punto D) hacia el reverso de la tela, creando así una segunda cadena.

● Para la siguiente cadena, deja un espacio y desde el reverso de la tela inserta la aguja hacia el frente en el inicio de tu nueva cadena (Punto E). Sin clavar la aguja en la tela, deslízala bajo la primera cadena y clávala de nuevo en el punto de salida (Punto E) hacia el reverso de la tela, creando así una tercera cadena.

● Para la cuarta cadena, repite el mismo proceso y desliza la aguja bajo la segunda cadena. Para la quinta, bajo la tercera. Y así sucesivamente.

NUDO FRANCÉS

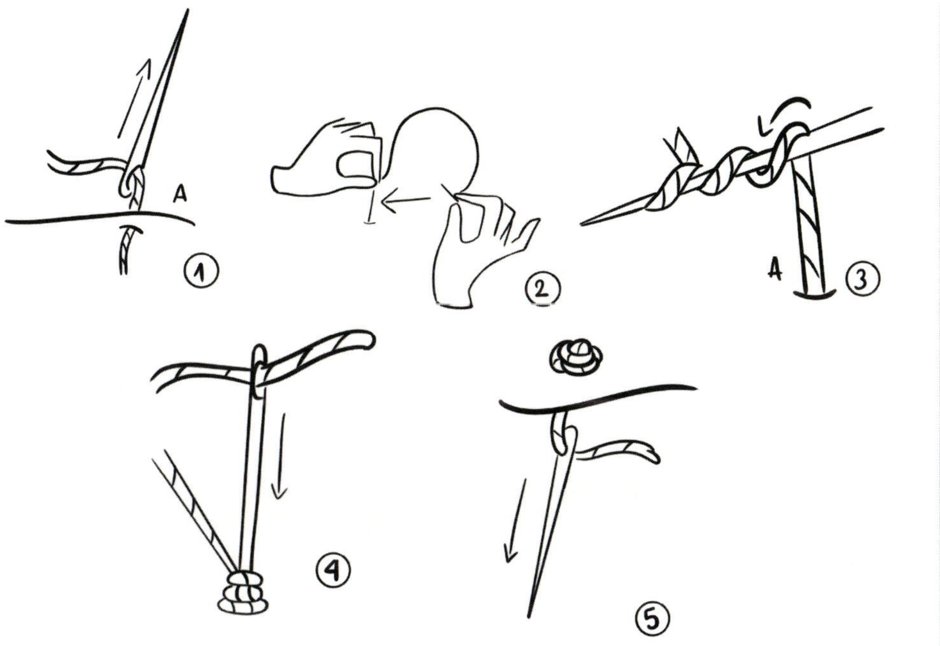

El nudo francés es una puntada decorativa que se utiliza para añadir pequeños detalles tridimensionales, como centros de flores, ojos, o simplemente para crear textura en un diseño.

● Desde el reverso de la tela, inserta la aguja hacia el frente en el punto donde deseas crear el nudo (Punto A).

● Sostén la aguja en la parte frontal de la tela, cerca de la salida del hilo.

● Usa la otra mano para envolver el hilo alrededor de la punta de la aguja de 1 a 3 veces, dependiendo de qué tan grande o ajustado quieras que sea el nudo. Más vueltas resultarán en un nudo más grande.

PUNTO ACANALADO

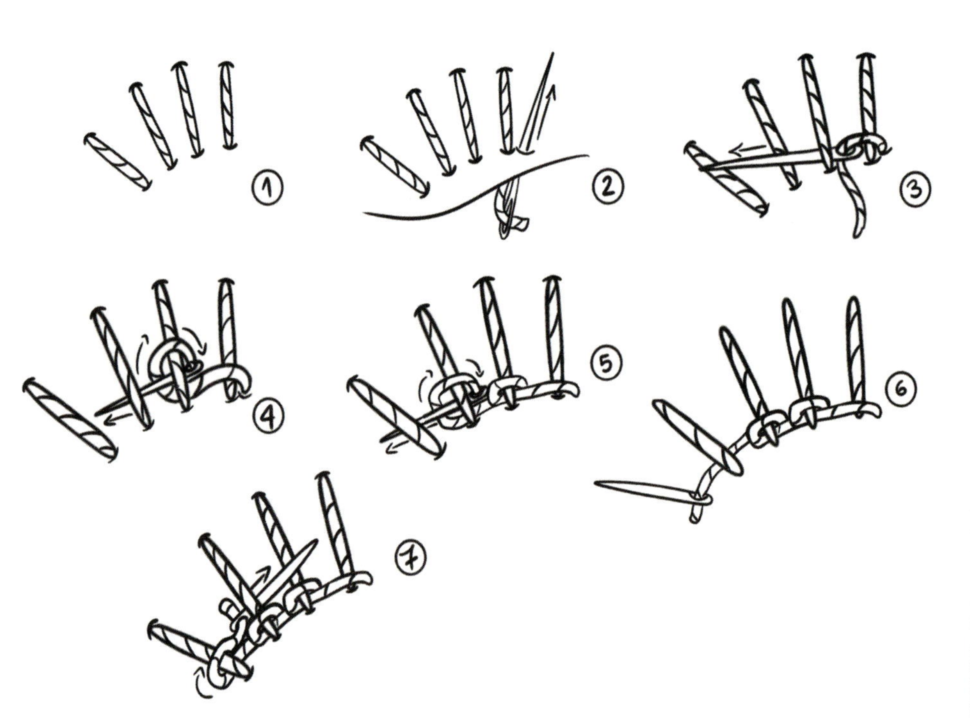

El punto acanalado es una puntada decorativa que se utiliza para crear formas tridimensionales o texturas.

- Crea puntadas cortas verticales. Tantas como necesites.
- Desde el reverso de la tela, inserta la aguja hacia el frente, tocando la base de la primera línea vertical.
- Sin insertar la aguja en la tela, pásala sobre la primera puntada vertical y por debajo de la segunda puntada vertical. Asegúrate de que el hilo quede pegado a la base de las puntadas.
- Pasa la aguja bajo la segunda y tercera puntada vertical.
- Y de nuevo pásala bajo la tercera y cuarta puntada vertical.
- Repite este proceso siempre deslizando la aguja bajo la puntada actual y la siguiente.
- Cuando acabes una fila, realiza el mismo procedimiento al revés.

PUNTO DE ROSA

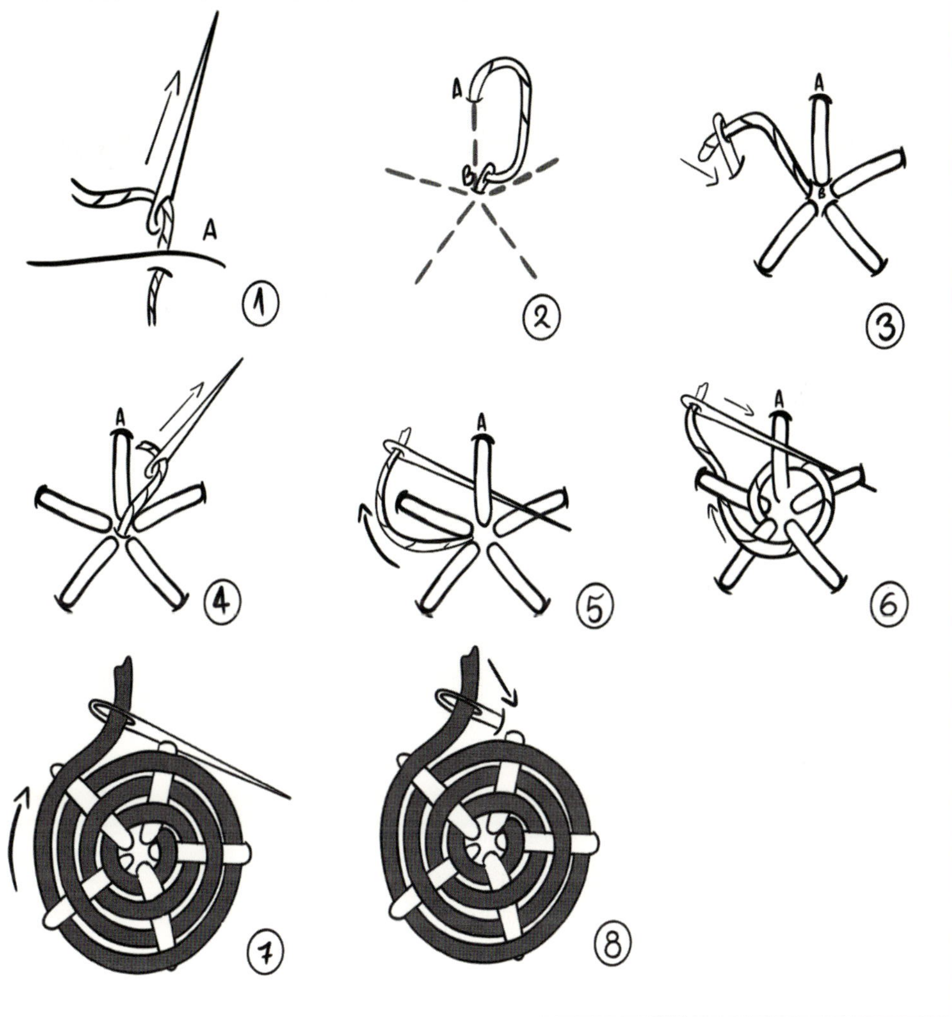

El punto de rosa añade un toque tridimensional, natural y perfecto para representar rosas.

- Comienza en el centro del círculo (Punto A) y saca la aguja hacia el frente. Inserta la aguja en uno de los puntos marcados en el borde del círculo (Punto B) para crear la primera línea radial.
- Repite este paso con los otros puntos marcados, asegurándote de que todas las líneas radiales se crucen en el centro del círculo. Estas líneas serán la base sobre la que se tejerá el punto de rosa.

- Saca la aguja cerca del centro del círculo, justo al lado de una de las líneas.
- Comienza a tejer el hilo sobre y bajo cada línea radial de forma alternada, moviéndote en espiral alrededor del centro. No atravieses la tela con la aguja, solo pasa el hilo sobre y bajo las líneas radiales.
- A medida que avanzas, el hilo comenzará a formar una espiral alrededor del centro, creando un efecto de pétalos superpuestos.
- Continúa tejiendo en espiral hacia fuera hasta que hayas llenado el círculo y alcanzado el borde.
- Una vez que hayas completado la espiral y la rosa esté formada, inserta la aguja hacia el reverso de la tela para asegurar el hilo.

OTROS PUNTOS

PUNTO ADELANTE

El punto adelante se utiliza para crear líneas discontinuas simples. Lo utilizaremos para acabar la parte trasera del bastidor.

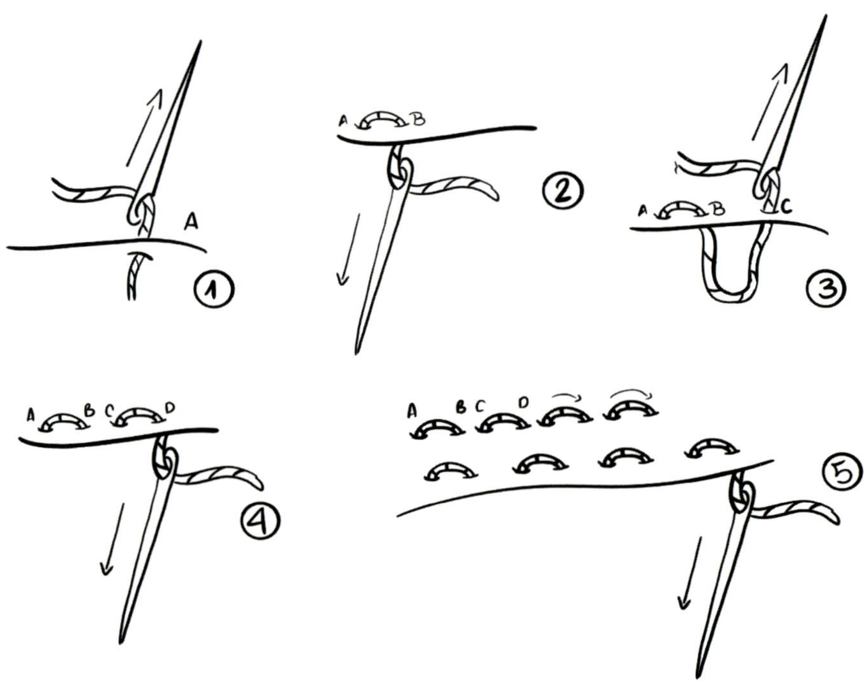

● Desde el reverso de la tela, inserta la aguja hacia el frente en el punto de inicio de tu línea de bordado (Punto A).
● Inserta la aguja hacia el reverso de la tela en el siguiente punto a lo largo de la línea que estás bordando (Punto B). Esto crea una pequeña puntada recta en la parte frontal de la tela.
● Desde el reverso de la tela, avanza una pequeña distancia hacia delante (Punto C) y saca la aguja hacia el frente nuevamente.
● Inserta la aguja hacia el reverso en el siguiente punto a lo largo de la línea (Punto D).
● Continúa este proceso de sacar la aguja hacia el frente y luego insertarla hacia el reverso, creando una serie de puntadas rectas que forman una línea discontinua.

PUNTADA INVISIBLE

La puntada invisible es una técnica de costura utilizada para cerrar aberturas o unir dos piezas de tela de manera que la costura quede prácticamente oculta.

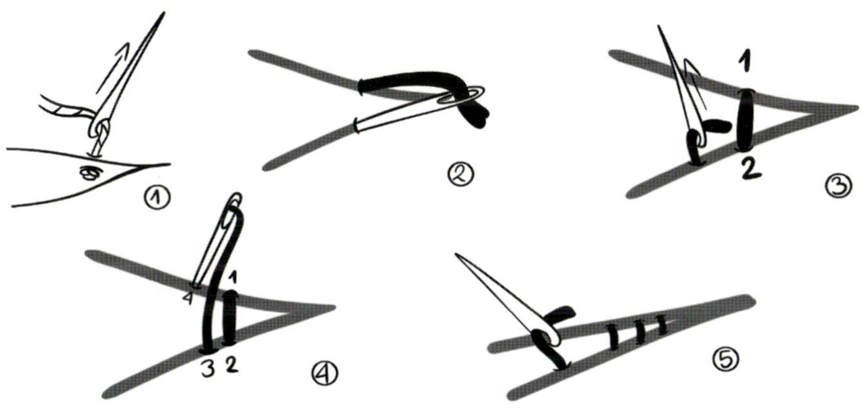

● Inserta la aguja desde el interior de la tela (en el borde doblado) para que el nudo quede escondido dentro de la tela, saliendo justo en el borde de la abertura que deseas cerrar.
● Inserta la aguja directamente en el borde opuesto de la abertura, tomando solo unas pocas fibras de la tela y tira del hilo. La aguja debe salir en el pliegue de la tela justo enfrente del punto donde salió el hilo en el primer lado.
● Ahora, vuelve al primer lado y repite el proceso. Inserta la aguja directamente en el borde doblado de la tela, a la misma altura que la puntada anterior, y tira del hilo.

● Alterna de un lado al otro, realizando puntadas pequeñas y uniformes.
● A medida que avanzas, tira suavemente del hilo para cerrar la abertura. Las puntadas deberían estar escalonadas y desaparecer en la tela cuando tiras del hilo, dejando una costura invisible.

PUNTO DE FESTÓN

El punto de festón es una puntada decorativa que se utiliza para terminar los bordes de una pieza de tela, unir dos piezas de tela o como un elemento decorativo.

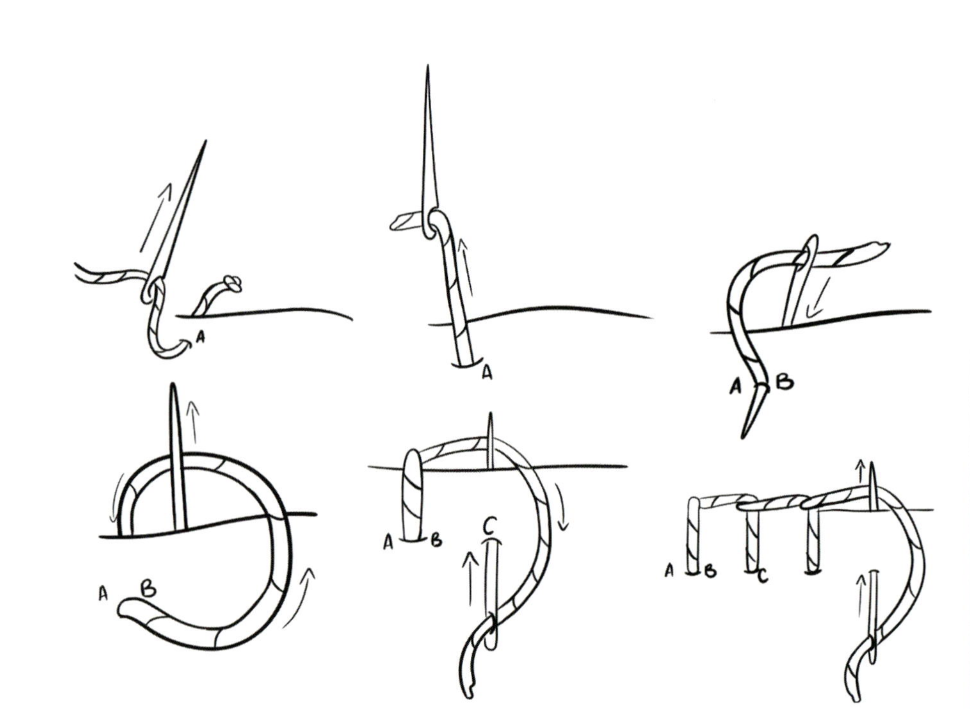

● Inserta la aguja desde la parte posterior de la tela hacia el frente en el borde de la tela, comenzando en la esquina o el punto donde deseas que empiece el festón (Punto A).
● El nudo quedará en la parte posterior de la tela.
● Saca la aguja hacia el frente, tirando del hilo hasta que quede tenso.
● Decide la distancia a la que deseas hacer la puntada desde el primer punto. Inserta la aguja desde el frente de la tela hacia el reverso, perpendicular al borde (Punto B), manteniendo un pequeño bucle en la parte frontal.

- Antes de tirar completamente del hilo, pasa la aguja por debajo del bucle que se ha formado. Esto asegurará que el hilo quede anclado en el borde de la tela, creando una línea recta entre la puntada y el borde.
- Repite el proceso: inserta la aguja en el siguiente punto a lo largo del borde de la tela (Punto C) y sácala hacia el reverso, manteniendo el hilo bajo la aguja para formar otro bucle.
- Tira del hilo hasta que quede ajustado, creando un nuevo punto de festón.

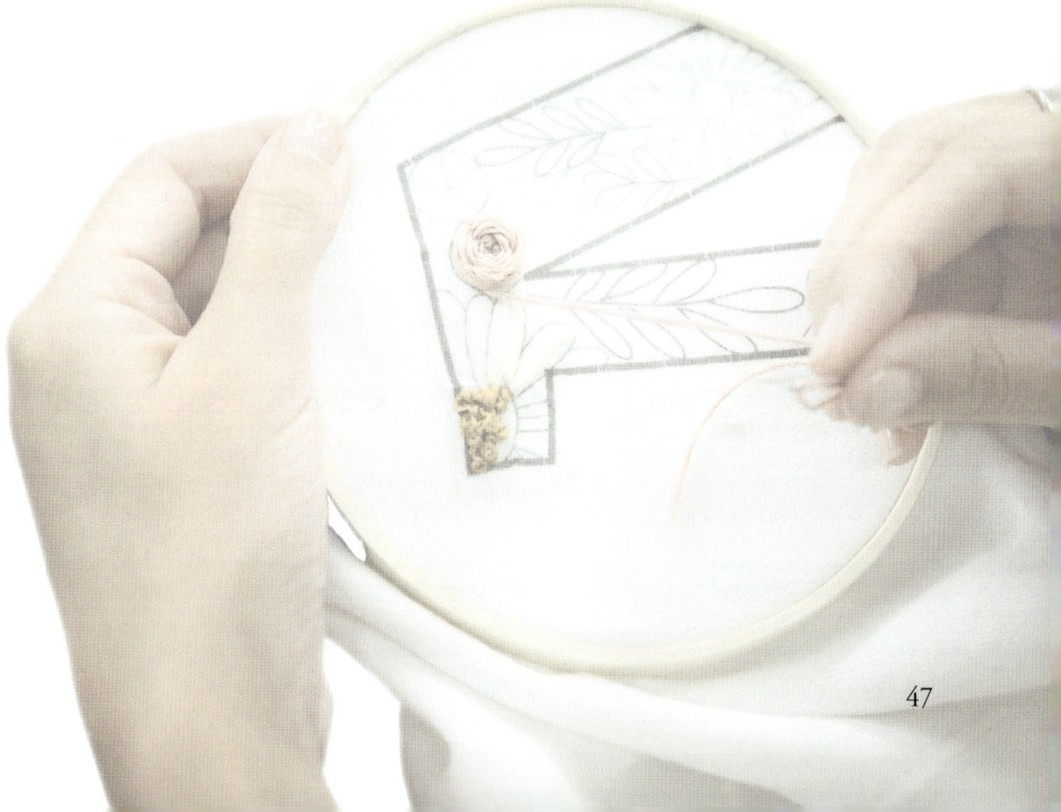

TIPOS DE BORDADO

BORDADO DE FLORES Y HOJAS

Mi preferido y el que más hago. Me encanta bordar flores y amo crear patrones con diseños botánicos.

Para este tipo de bordado se puede utilizar una gran variedad de tipos de puntos. Algunos de ellos son flores y hojas ya de por sí. Otros se combinan de tal forma que crean este tipo de diseño.

BORDADO DE LETRAS Y NOMBRES

En ocasiones, nuestro diseño son nombres o incluso frases enteras. También hay una gran variedad de tipos de puntos que podemos utilizar, como el punto atrás, el punto de tallo o el punto de cadeneta. Si el diseño está hecho de letras que se pueden rellenar, podemos utilizar puntos de relleno, puntadas largas y cortas o incluso nudos franceses.

BORDADO DE ANIMALES

Para el bordado de animales, normalmente se emplea una técnica llamada *needle painting* o, lo que es lo mismo, pintar con hilos. Para ello se utiliza tan solo una hebra del hilo y se combinan muchos colores. Se tra-

ta de una técnica que requiere un nivel un tanto más avanzado.

BORDADO DE PAISAJES

Personalmente, me encanta bordar paisajes naturales, como bosques y montañas, y también disfruto muchísimo bordando cielos estrellados; de hecho, algunos de mis bordados iniciales son galaxias y espectáculos de auroras boreales. Para este tipo de bordado, podemos utilizar puntos de relleno, nudo francés y *needle painting*, entre otros.

BORDADO DE PERSONAS

A lo largo de los años he creado varios patrones inspirados en personas, sobre todo en figuras femeninas. Incluso he hecho varias colaboraciones con la conocida marca de hilos DMC en las que las protagonistas de los diseños eran mujeres, como mi colección «Girls in jewels» («Las chicas enjoyadas»). También recuerdo una colaboración muy especial con la marca norteamericana GAP, en la que diseñé un grupo de chicas con diferentes cuerpos, para reivindicar la diversidad femenina. Para esta clase de bordado utilizo, sobre todo, puntos de relleno y *needle painting*.

BORDADO DE FRUTAS

Es un tipo de bordado muy divertido y decorativo. Se puede utilizar una gran variedad de puntos para lograr diversas texturas. Muchas veces podemos emplear diferentes puntos para un mismo diseño, lo que dará lugar a un bordado ¡totalmente distinto!

PROYECTOS

PERFECTA
imperfecta
+ ALMA
-EGO
creer
crear
crecer

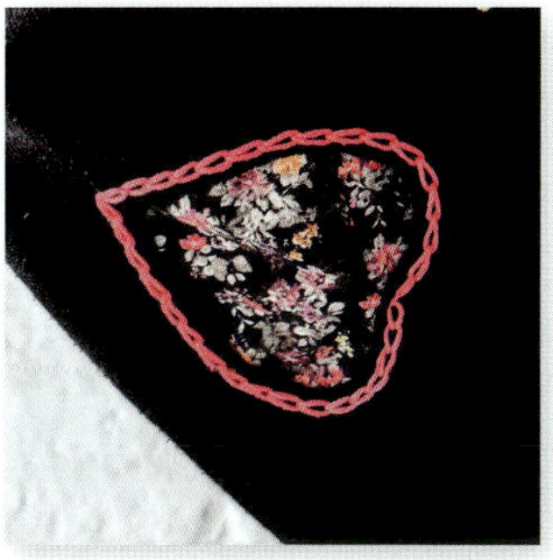

LET YOUR IMAGINATION
College ruled
FJÄLLRAVEN
KÅNKEN

ALL STAR

+ ALMA
- EGO
RFECTA
creer
crear
crecer

BASTIDOR

FRASE INSPIRADORA

INTRODUCCIÓN

Te propongo un proyecto muy sencillo en el que pondrás en práctica tus habilidades creativas. Como te comentaba en páginas anteriores, el bastidor de bordado es mucho más que un simple aro para tensar la tela, también puede ser un elemento de decoración, y es por ello por lo que lo utilizaremos para crear una composición con frases inspiradoras, es decir, con citas o reflexiones motivacionales que hagan mella en ti.

A continuación, te presentaré tres expresiones que tienen un significado especial para mí, que me han impactado a lo largo de mi trayectoria como bordadora, tanto a nivel profesional como personal, y me inspiran cada día. Pero hay muchos ejemplos más. Tómate la libertad de escoger las frases que resuenen contigo y con las que te sientas más identificada, para que, con cada puntada, su mensaje vaya calando en tu ser.

DISEÑO

Con estos tres diseños realizaremos una composición que más tarde podremos colgar en la pared. En mi caso, las tengo colocadas en mi estudio, donde puedo verlas cada día. Cada frase tiene un estilo y un tipo distinto de letra. Esta será la excusa perfecta para aprender a bordar palabras y practicar diferentes tipos de puntos.

MATERIALES

- ✦ Tres telas de diferentes colores o estampados.
- ✦ Una madeja de hilo *mouliné* DMC, colores 371, 3364, 734, 732, 936 y 935.
- ✦ Tijeras
- ✦ Aguja de bordar n.º 3
- ✦ Bastidor de madera de 13 cm.
- ✦ Tres bastidores de plástico, de imitación madera, de diferentes tamaños (14 cm, 17 cm y 21 cm).

Opcional

- ✦ Bolígrafo para tela.
- ✦ Papel adhesivo.

TRANSFERENCIA

Si la tela te lo permite, al tratarse de un diseño sencillo y con pocos detalles, puedes utilizar la técnica de calcar. Recuerda que este método es válido cuando usamos telas claras o translúcidas. La alternativa es imprimir el patrón directamente en papel adhesivo.

CONSEJOS ANTES DE EMPEZAR

— Escoge telas poco elásticas y, si lo requieren, lávalas antes de empezar tu bordado, ya que hay telas que pueden encoger.

— Recuerda anudar el extremo más largo del hilo, para prevenir que este salga cuando tires de él.

— Te recomiendo utilizar un bastidor de madera para realizar el bordado y, una vez acabado, colocar la tela en los bastidores de plástico, ya que este tipo de bastidor es más bien decorativo y no mantiene la tela tan tensa como los de madera.

1. *CREER, CREAR, CRECER*

Pueden parecer tres simples palabras, pero cada una de ellas guarda un mensaje muy poderoso, tanto de forma individual como en su conjunto. Se trata de un mensaje muy inspirador para cualquier persona emprendedora, creativa o en busca de crecimiento personal.

Creer es el primer paso en cualquier viaje de transformación. Significa tener fe en nuestras capacidades, confiar en nuestras ideas y sueños. Sin esta creencia, es difícil encontrar la motivación para avanzar y superar los obstáculos que nos surjan. Creer en uno mismo es fundamental para iniciar cualquier proyecto creativo, incluso de vida.

Una vez que reconocemos y asumimos nuestro potencial, el siguiente paso es crear. Crear implica poner en práctica nuestras ideas, materializar nuestros sueños y dar vida a nuestras visiones. En el ámbito del bordado, crear es el acto de transformar hilos y telas en obras de arte, utilizando habilidades, imaginación y dedicación.

Finalmente, crecer es el resultado del proceso de creer y crear. Es el desarrollo personal y profesional que surge de la experiencia, el aprendizaje y la evolución constante. Crecer implica mejorar nuestras técnicas, explorar diferentes estilos, utilizar nuevos materiales, hacer nuestros propios diseños, etc.

Tipos de puntos

- **Punto de relleno:** para rellenar las letras del diseño.
- **Punto atrás:** para repasar el contorno de las palabras.
- **Punto adelante:** para acabar la parte trasera del bastidor.

Colores

Para la palabra *creer*: 372, 936.
Para la palabra *crear*: 734, 732.
Para la palabra *crecer*: 3364, 935.

TUTORIAL PASO A PASO

Lo primero que debes hacer es cortar la tela del tamaño adecuado para el bastidor que utilices. Para ello, coloca el bastidor final, en el que lucirás el bordado, sobre la tela y córtala dejando unos cinco centímetros de margen.

A continuación, transfiere el diseño a la tela. En mi caso, he escogido telas con estampado floral y no puedo calcar el patrón, por lo que utilizo papel adhesivo para transferir el diseño.

Una vez tienes el patrón listo, coloca el bastidor. Recuerda que para este proyecto te recomiendo bordar utilizando un bastidor de madera y no el bastidor de plástico en el que luciremos el bordado final.

Para colocar el bastidor, afloja el tornillo y separa ambas piezas. Coloca el aro sin tornillo debajo de la tela y el aro con tornillo sobre la tela. Presiona para encajar las dos piezas. Aprieta el tornillo lo máximo que puedas y estira de los extremos de la tela para tensarla.

Prepara el hilo. Para este diseño, utiliza tres hebras de cada color y deja un pedazo corto de hilo colgando. Recuerda hacer un nudo en el extremo más largo. Ya estás lista para empezar a bordar.

Para rellenar las letras, usa puntada de relleno. Empieza siempre clavando la aguja por detrás de la tela. La aguja aparecerá en la parte frontal. Estira de ella hasta que el hilo esté totalmente fuera. Reinserta la aguja en la tela, realiza puntadas cortas y en diagonal. Colócalas muy juntas, una al lado de la otra, para cubrir la totalidad de la superficie que quieres rellenar.

Para repasar el contorno de las letras, emplea punto atrás. Sigue las líneas. Realiza puntadas cortas e intenta que sean del mismo tamaño.

Cuando hayas acabado el bordado, lava la tela para quitar el papel adhesivo. Recuerda que se disuelve al entrar en contacto con agua.

2. *MÁS ALMA, MENOS EGO*

Una parte muy importante de mi trabajo es la creación de contenido en las redes sociales, concretamente en Instagram. Esta plataforma me ha servido muchísimo para dar a conocer mi obra y todos mis proyectos. Estoy muy agradecida por ello, pero a la vez abrumada y, en ocasiones, incluso me he sentido mal. Llámalo síndrome del impostor o miedo a la crítica, pero las redes tienen ese efecto que tan pronto te hacen sentir en la cima como en lo más profundo. Aunque son muy importantes, los seguidores y los *likes* no constituyen elementos de validación, y esto es algo que tengo muy presente en mi día a día.

«Más alma y menos ego» es una frase de palabras muy cortas pero, a la vez, muy potentes que expresan precisamente esta dicotomía en las redes. Creo que es fundamental conservar y mantener el equilibrio entre lo esencial y lo superficial. Esta frase nos invita a vivir una vida con alma, con nuestra parte más real y auténtica, en oposición a una vida más enfocada en el ego, en las apariencias y la validación externa.

Crear con alma implica poner pasión, amor y autenticidad en cada puntada, permitiendo que nuestra esencia fluya a través de nuestras creaciones.

Tener esta frase bordada servirá como un recordatorio constante de la importancia de actuar con autenticidad y humildad en todas las áreas de la vida.

Tipos de puntos

- **Punto de relleno:** para rellenar las letras y símbolos del diseño.
- **Punto adelante:** para acabar la parte trasera del bastidor.

Color

Para la frase completa: 935.

TUTORIAL PASO A PASO

Prepara tu bastidor con tela y el patrón. Para este diseño, utiliza tres hebras de hilo.

Para rellenar las letras, usa puntadas de relleno. Realiza puntadas cortas y en diagonal. Colócalas muy juntas, una al lado de la otra, para cubrir la totalidad de la superficie que quieres rellenar.

Cuando hayas acabado el bordado, lava la tela para quitar el papel adhesivo.

3. *PERFECTA IMPERFECTA*

En todos mis talleres siempre hay alguien que se lamenta de lo mal que le ha quedado el bordado (y te puedo asegurar que casi siempre el bordado está impecable). No hay sesión en la que alguna alumna se ataque a sí misma y critique sus puntadas. Yo siempre les recuerdo que la perfección está en la imperfección y que cada puntada, incluso las que no son perfectas, contribuyen a la belleza y autenticidad del trabajo final.

«Perfecta imperfecta» es una poderosa afirmación de aceptación y amor propio. Esta expresión combina dos términos aparentemente contradictorios y es un recordatorio de que no necesitamos ser impecables para ser valiosos y de que nuestras fallas y defectos forman parte de nuestra identidad y belleza.

Tipos de puntos

- **Punto de relleno:** para rellenar las letras de la palabra *perfecta*.

- **Nudo francés:** para el punto de la letra *i*.
- **Punto atrás:** para la palabra *imperfecta*.
- **Punto adelante:** para acabar la parte trasera del bastidor.

Color

Para la palabra *perfecta*: 936. Para la palabra *imperfecta*: 732.

TUTORIAL PASO A PASO

Prepara tu bastidor con tela y el patrón. Para este diseño, utiliza tres hebras de hilo de cada color.

Para rellenar la palabra *perfecta*, usa la puntada de relleno. Haz puntadas cortas horizontales. Colócalas muy juntas, una al lado de la otra, para cubrir la totalidad de la superficie que quieres rellenar.

Para la palabra *imperfecta*, emplea el punto atrás. Realiza puntadas desiguales, de distintos tamaños, poco perfectas, para resaltar el significado de la propia palabra. Utiliza el nudo francés para el punto de la *i*. En este caso, puedes usar seis hebras y tres vueltas para que el punto quede más grueso.

Cuando hayas acabado el bordado, lava la tela para quitar el papel adhesivo.

CÓMO ACABAR EL BASTIDOR

Una vez tengas listo tu bordado, colócalo en el bastidor de plástico que utilizarás para lucir tu diseño final. Asegúrate de que la tela esté bien tensa.

A continuación, te mostraré cómo recoger la tela detrás del bastidor y, para ello, no necesitarás más que hilo y aguja.

— Lo primero que debes hacer es cortar el exceso de tela alrededor del bastidor, dejando unos dos centímetros.
— Corta un pedazo de hilo bien largo y utiliza las seis hebras para enhebrar tu aguja.
— Gira el bastidor y clava la aguja por detrás de la tela sobrante, la que queda fuera del bastidor. Estira la aguja por delante, pero no recojas la totalidad del hilo, es mejor dejar un pedazo largo colgando. Utiliza la puntada adelante a lo largo de toda la tela. Acaba con la aguja detrás de la tela y deja otro pedazo de hilo colgando, de manera que tengas los dos extremos del hilo juntos. Agarra los dos pedazos de hilo y estira simultáneamente para recoger la tela. Verás que el hilo hace que la tela se contraiga y quede recogida hacia el centro del bastidor.

— Para acabar, haz un nudo con ambos trozos de hilo y corta el exceso.

Tu bastidor está listo. A mí, personalmente, me gusta dejarlo así y poder ver el maravilloso caos y entresijo de hilos que se ha formado con cada puntada. El revés también forma parte del bordado y nos muestra el proceso de cada puntada. Pero, si prefieres tapar este entramado, puedes utilizar un pedazo de tela sobre la original. Coloca el bastidor sujetando ambas telas y realiza la puntada adelante. Cuando tires del hilo, se recogerán simultáneamente.

Otra técnica para ocultar la parte trasera del bastidor consiste en utilizar un pedazo de fieltro o incluso un trozo de cartulina o papel bonito. Recorta el papel del tamaño del bastidor y pégalo a la parte de atrás con una pistola de silicona o pegamento caliente.

AHORA TE TOCA A TI

Piensa y busca frases cortas que tengan un significado especial para ti. ¿Qué sentimientos te provocan? ¿De qué color te las imaginas? ¿Las quieres ver todos los días? ¿Dónde te gustaría colocarlas?

Estas son algunas de las preguntas que te puedes hacer antes de realizar tus propios diseños. Para ello, no necesitas ser una gran artista, ni siquiera tienes que saber dibujar. Puedes utilizar herramientas de edición gratuitas, como Canva, donde hay un sinfín de elementos y tipos de fuentes con los que podrás jugar y hacer tus creaciones personales.

▶ BASTIDORES FRASES INSPIRADORAS

Consulta el video tutorial

https://youtu.be/TDNNFlqA9xU

1
month
JANE
AUSTEN

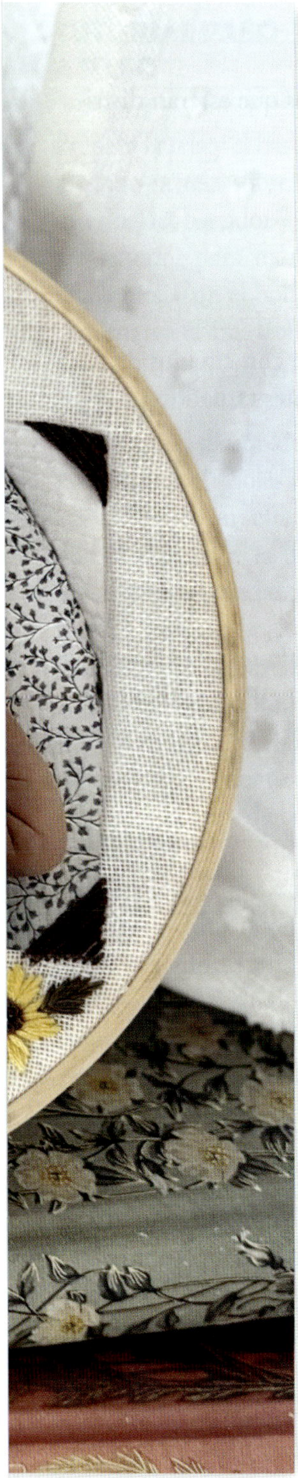

BASTIDOR
MARCO DE FOTOS

INTRODUCCIÓN

Como has visto, en el proyecto anterior los bastidores pueden ser mucho más que simples herramientas para mantener la tela tensa. En este proyecto, vamos a descubrir cómo convertir un bastidor en un marco de fotos bordado, añadiendo un toque personal y creativo a tu decoración.

Permíteme compartirte un poco de mi historia personal:

Para mi boda, quise que todo tuviera un toque único y especial, así que me puse manos a la obra y bordé muchos detalles. Bordé mi vestido de novia y mis zapatos, y también las servilletas de todos los invitados, con flores y el nombre de cada persona. Incluso los bolsillos de las camisas de mis cinco sobrinos. Pero uno de mis proyectos favoritos para aquella ocasión fue el *seating plan*. Preparé unos bastidores bordados que sujetaban los papeles con el listado de las personas que se sentaban en cada mesa, funcionando como marcos de fotos. Fue un detalle que nadie pasó por alto.

Esta experiencia me inspiró a ver los bastidores no solo como herramientas, sino como elementos decorativos en sí mismos. De modo que, en este proyecto, vamos a explorar cómo transformar un bastidor en un marco de fotos bordado, creando una pieza única que también servirá como elemento decorativo para tu hogar. Este marco de fotos bordado será una forma maravillosa de exhibir tus recuerdos y tu creatividad al mismo tiempo.

la aguja. Combina nudos con dos y tres vueltas. Utiliza las seis hebras del hilo y combina ambos tonos de marrón 3781 y 841.

Para los pétalos, utiliza el color 3822 con seis hebras. Realiza puntadas de relleno. Llena cada pétalo con puntadas rectas, bien pegadas una sobre la otra. Te recomiendo siempre empezar por la punta del pétalo y clavar la aguja en la base de este, siempre en el mismo punto.

Para las hojas, utiliza el punto de hoja con seis hebras de color 580.

Cuando hayas terminado el bordado, elimina los restos de bolígrafo. Puedes pasar aire caliente con la ayuda de un secador de pelo.

Acaba la parte de atrás del bastidor siguiendo los mismos pasos que en el proyecto anterior.

Montaje de la foto

Una vez terminado el bordado, coloca la foto de 10 x 15 cm en el centro del bastidor.

Asegura la foto a la tela con puntadas rectas discretas en las esquinas, usando hilo del mismo color que la tela.

AHORA TE TOCA A TI

Ahora que has aprendido a hacer un bonito marco de fotos con un bastidor, es el momento de dejar volar tu creatividad y aplicar los conocimientos que has adquirido.

Puedes personalizar tu marco de fotos añadiendo detalles personales, como iniciales, fechas importantes o pequeñas frases que tengan un significado especial para ti o para la persona a la que se lo vas a regalar.

Disfruta cada puntada, crea y diviértete.

▶ MARCO DE FOTO

Consulta el video tutorial

https://youtu.be/RDPdQpCEBxl

ROPA

PANTALÓN CON MARGARITAS

INTRODUCCIÓN

Los vaqueros son una pieza básica en cualquier armario, pero con un toque de bordado pueden convertirse en una declaración de estilo personal.

Recuerdo una vez que tenía un par de vaqueros que llevaban años conmigo. Eran mis favoritos y los usaba muchísimo, pero ya empezaban a mostrar su edad con algunas marcas de desgaste. Decidí darles una segunda vida y transformarlos en algo aún más especial. Me puse manos a la obra y bordé unos detalles en el bajo de los pantalones. Al final, no solo conseguí unos *jeans* renovados, sino una prenda que reflejaba mi estilo y creatividad (y que todo el mundo piropeaba).

En este proyecto te invito a personalizar tus propios pantalones. No solo les daremos una nueva oportunidad a unos vaqueros viejos, sino que también practicaremos nuestras dotes creativas. Además, la tela vaquera es perfecta para bordar. Es resistente, duradera, y su estructura firme hace que trabajar con aguja e hilo sea mucho más fácil, por lo que este proyecto es ideal si te estás iniciando en el bordado.

DISEÑO

Para este proyecto, he elegido bordar pequeñas margaritas en el bajo de unos pantalones vaqueros.

Las margaritas son flores sencillas pero bonitas que añadirán un toque fresco y alegre a cualquier prenda. Las distribuiremos de forma aparentemente desordenada, concentrándose en el bajo pero creciendo por la pierna más espaciadamente.

MATERIALES

- ✦ Pantalones vaqueros.
- ✦ Hilos *mouliné* DMC ECRU y 3822.
- ✦ Aguja de bordar n.º 1.
- ✦ Bastidor de madera.
- ✦ Bolígrafo para tela.
- ✦ Tijeras de bordado.

TRANSFERENCIA

Dibuja directamente el diseño de las margaritas en los bajos de los pantalones con un bolígrafo para tela.

TIPOS DE PUNTOS

- **Punto margarita:** para los pétalos de las margaritas.
- **Nudo francés:** para el centro de las margaritas y otros detalles.

CONSEJOS ANTES DE EMPEZAR

Lava y plancha los pantalones antes de empezar para evitar que se encojan después del bordado.

Te recomiendo que la tela de los vaqueros no sea muy elástica, ya que será mucho más fácil de bordar.

Usa un bastidor pequeño para mantener la tela tensa y facilitar el bordado.

TUTORIAL PASO A PASO

Dibujo del diseño

Coloca los pantalones vaqueros en una superficie plana y asegúrate de que estén bien extendidos.

Para este diseño, marca las margaritas utilizando el bolígrafo para tela y realiza pequeños puntos, que serán el centro de las flores. Yo, personalmente, no dibujo los pétalos, sino que prefiero improvisar, añadiendo uno tras otro en función del espacio que tenga.

A continuación, coloca el bastidor en los pantalones y asegúrate de que la tela queda bien tensa.

Bordado

Empieza creando el centro de las flores. Con hilo amarillo, utiliza las seis hebras y realiza nudos franceses de tres vueltas. No es necesario que remates el hilo cada vez que haces un nudo, sino que puedes pasar al siguiente, siempre que te quede cerca del punto que acabas de crear.

Para los pétalos, utiliza el punto margarita. Enhebra la aguja con color ECRU de seis hebras y realiza tantos lazos como pétalos quieras añadir, asegurándote de que queden uniformes.

Puedes jugar con el número de pétalos e incluir más o menos. No es necesario que todas las margaritas sean iguales. Remata la aguja cuando hayas acabado los pétalos de una margarita. Si lo necesitas, enhebra de nuevo y empieza con una nueva flor.

Cuando hayas acabado todas las margaritas, enhebra de nuevo con el color ECRU y realiza nudos franceses en los espacios que quedan entre las flores. Puedes hacer los nudos más concentrados en la parte inferior y más espaciados a medida que vayan subiendo por la pierna del pantalón. Esto añadirá más textura y consistencia al bordado.

Una vez que hayas terminado de bordar todas las margaritas, asegúrate de rematar bien los hilos en el reverso para que no se deshagan con el uso y el lavado.

Por último, elimina los restos del bolígrafo aplicando un poco de aire caliente con un secador de pelo.

AHORA TE TOCA A TI

Explora tu creatividad añadiendo más elementos al diseño, como mariposas, abejas o pequeñas flores adicionales. Puedes experimentar con diferentes colores y tipos de puntos para añadir más textura y dimensión a tu bordado.

Disfruta del proceso creativo y presume de tus «nuevos» pantalones con orgullo.

▶ PANTALÓN CON MARGARITAS

Consulta el video tutorial

https://youtu.be/Mijy2Jghdro

ROPA

JERSEY PERSONALIZADO

INTRODUCCIÓN

Tenía una sudadera que me gustaba muchísimo, pero estaba tan usada y tan viejita que, con el desgaste, se le hicieron unos agujeros en los codos. No quería deshacerme de ella porque tenía mucho valor sentimental para mí. Eso fue precisamente lo que me inspiró a coger aguja e hilo para darle una solución y decidí tapar el agujero con un pedazo de tela bonito, con forma de estrella. El resultado fue tan bonito que desde entonces he estado utilizando esta técnica para dar nueva vida a otras prendas.

En este proyecto, te enseñaré a crear apliques en forma de corazón para los codos de una sudadera o jersey. Utilizaremos una tela con un estampado bonito y bordaremos el borde del corazón utilizando el punto de cadena. Este proyecto es supersencillo y queda precioso.

DISEÑO

En este diseño vamos a crear apliques en forma de corazón para los codos de una sudadera o jersey. Lo más importante en este proyecto será la tela que escojas para realizar el aplique, ya que será la protagonista indiscutible del proyecto.

MATERIALES

- ✦ Sudadera o jersey.
- ✦ Tela con estampado (te recomiendo utilizar algodón).
- ✦ Hilos *mouliné* en un color que complemente la tela y la prenda.
- ✦ Aguja de bordar n.º 3.
- ✦ Tijeras.
- ✦ Bastidor pequeño.
- ✦ Alfileres.
- ✦ Bolígrafo de tela.

Opcional

✦ Molde de galletas con forma de corazón, para realizar la forma.

TRANSFERENCIA DEL DISEÑO

Para este proyecto vamos a dibujar los corazones directamente sobre la tela. Utiliza un bolígrafo de tela. Te puedes ayudar de un molde o cortador de galletas para hacer la forma de los corazones. También puedes imprimir o calcar la forma en un folio, recortarla y ponerla sobre la prenda a modo de plantilla.

TIPOS DE PUNTOS

- **Punto de cadena:** para bordar el borde del corazón y asegurar el aplique a la prenda.

CONSEJOS ANTES DE EMPEZAR

Si prefieres otras formas, como estrellas o iniciales, ajusta el diseño según tus preferencias. Dibuja y recorta las formas que desees utilizar como apliques.

TUTORIAL PASO A PASO

Preparar el diseño

El primer paso es dibujar los corazones en la tela, en el lugar donde quieras que vaya el aplique. En mi caso, los he puesto en los codos de la sudadera. Para ello he utilizado un molde de galletas, ya que es una forma muy rápida y sencilla de dibujar el corazón, aunque recuerda que siempre puedes calcar o imprimir el diseño en un folio y utilizarlo a modo de plantilla.

Una vez tienes bien marcado el contorno del corazón, recorta un pedazo cuadrado de la tela con estampado que hayas escogido. El pedazo de tela debe ser más grande que el corazón, por lo menos debe tener uno o dos centímetros de margen.

Coloca el pedazo de tela entre las mangas de la sudadera, pegado a la tela, justo debajo del corazón que has dibujado. A continuación, asegura el trozo de tela con unos cuantos alfileres y asegúrate de que la tela queda bien lisa, sin arrugas.

El siguiente paso es colocar el bastidor. Si la tela te lo permite y el espacio es lo suficientemente grande, te recomiendo que utilices un bastidor, ya que de esta forma te asegurarás de que ambas telas están bien tensas y te resultará mucho más fácil bordar.

Bordado

El bordado de este proyecto es muy rápido y sencillo. Utiliza las seis hebras del hilo que hayas escogido y, siguiendo la forma del corazón, realiza puntadas de cadena, asegurando el aplique a la prenda. Procura que todas las cadenas sean del mismo tamaño, para que quede mejor estéticamente, aunque en las partes curvas te recomiendo que hagas cadenas más pequeñas.

Una vez has repasado el contorno del corazón, tan solo falta el último paso: cortar la tela. No tengas miedo, utiliza unas tijeras con punta y procura atravesar solamente la tela de la sudadera. Empezarás a descubrir el aplique de tela. Recorta la forma del corazón dejando un pequeño margen con las puntadas en cadena.

Realiza este mismo procedimiento para la otra manga de la sudadera y disfruta de tu nueva prenda.

AHORA TE TOCA A TI

Ahora que has aprendido a crear apliques en forma de corazón para los codos de tu sudadera o jersey, es el momento de darle tu toque personal.

Los apliques no solo pueden ser corazones, puedes experimentar con otras formas, como estrellas, iniciales o cualquier diseño que te guste.

También puedes probar los apliques en otras prendas y lugares, como, por ejemplo, en los bolsillos traseros de un vaquero o en las rodillas de un pantalón.

Puedes utilizar otros tipos de puntos para repasar el contorno de los apliques, como el punto atrás o incluso el punto de relleno.

Recuerda que lo más importante es disfrutar del proceso y dejar que tu imaginación fluya libremente. Bordar no solo te permite crear algo único que refleje tu estilo y personalidad, sino que también es una excelente manera de relajarte y despejar la mente.

Cada puntada es una oportunidad para conectar contigo misma y disfrutar de un momento de tranquilidad. ¡Ponte manos a la obra y descubre tu lado más creativo!

▶ JERSEY PERSONALIZADO

Consulta el video tutorial

https://youtu.be/IoS6PDywc58

ROPA

CAZADORA SORORIDAD

INTRODUCCIÓN

El bordado puede ser una forma increíble de transmitir mensajes y emociones. En este proyecto, te voy a enseñar cómo bordar un diseño muy especial en una cazadora vaquera.

Una vez, tuve la oportunidad de colaborar con la marca estadounidense GAP bordando un diseño muy especial en unas cuantas cazadoras. En ese diseño mostré varias chicas con diferentes cuerpos y tonos de piel, todas vistiendo prendas vaqueras. Fue un proyecto que hicimos para reivindicar el Denim Day, un acontecimiento que se celebra para aumentar la conciencia sobre la violencia sexual y apoyar a las víctimas. El mensaje que hay detrás es poderoso: nació como protesta contra un fallo judicial en Italia, en el cual se sugirió que los *jeans* ajustados de una víctima significaban consentimiento.

Así pues, el Denim Day se ha convertido en un símbolo de solidaridad y apoyo, y estoy muy orgullosa de haber participado en esa campaña.

A lo largo de mi carrera, he diseñado varios patrones con siluetas de mujeres. Muchos de ellos los ofrezco gratuitamente en la web oficial de DMC (la conocida marca de hilos) y también en mi propia página web, donde se pueden descargar.

He tenido la suerte de recibir el apoyo de muchas mujeres increíbles en mi vida. Su amor, consejos y respaldo han sido fundamentales para llegar a donde estoy hoy. Este proyecto es un homenaje a todas ellas, y un recordatorio de lo importante que es apoyarnos mutuamente. Juntas, podemos ser una fuerza poderosa y transformadora.

DISEÑO

Se trata de dos siluetas de mujeres abrazadas, simbolizando el amor en todas sus formas: amor de madre, de amiga, de hermana, de amante. El amor tiene muchas caras, y por

eso las siluetas no tienen rostros definidos, para que cada una pueda interpretar el amor a su manera.

En el dibujo, nuestras protagonistas visten con ropa de invierno; esta será la excusa perfecta para practicar puntos que imitan prendas de lana tejidas.

Este proyecto no solo te permitirá personalizar tu cazadora vaquera, sino que también es un regalo ideal para alguien especial. Un detalle hecho a mano con tanto significado será apreciado y valorado. Ya sea para un cumpleaños, un aniversario o simplemente para mostrar tu cariño, este bordado constituirá una expresión única de amor y creatividad.

MATERIALES

- ✦ Cazadora vaquera.
- ✦ Hilo de bordar DMC 647, 3774, 543, 938, 433, 810, 841, ECRU, 3859, 3858 y 938.
- ✦ Aguja de bordar n.º 1.
- ✦ Tijeras de bordar.
- ✦ Papel adhesivo soluble en agua.
- ✦ Bastidor.

TRANSFERENCIA DEL DISEÑO

Para este proyecto, utilizaremos papel de bordar, también conocido como papel adhesivo soluble en agua. Este método facilita la transferencia del diseño y asegura que el dibujo sea preciso.

TIPOS DE PUNTOS

- **Punto atrás:** para repasar los contornos y algunos detalles.
- **Punto de tallo:** para el pelo.
- **Punto de relleno:** para el pelo, la chaqueta y la bufanda.
- **Punto largo y corto:** para el relleno de caras y manos.
- **Punto de cadena:** para el gorro y el jersey.
- **Punto de cadena gruesa:** para la chaqueta.
- **Punto de tela de araña acanalada:** para el gorro.
- **Punto partido:** para la chaqueta.

CONSEJOS ANTES DE EMPEZAR

Prueba el patrón e imprímelo en un folio antes de usar el papel adhesivo soluble en agua. Esto te permitirá probar y ajustar el tamaño del diseño para ver si se adapta bien a la cazadora que vayas a bordar. Una vez que estés satisfecha con el tamaño, puedes imprimirlo en el papel adhesivo.

TUTORIAL PASO A PASO

El primer paso es imprimir el diseño. Prueba y ajusta el tamaño según tus preferencias. Una vez lo tengas, corta la hoja dejando un poco de margen con el dibujo. A continuación, despega el respaldo del papel y pega el diseño directamente en la espalda de la cazadora, donde quieras bordar.

Bordado

Cuando hayas pegado el diseño, puedes empezar a bordar directamente sobre el papel adhesivo y la cazadora. El papel mantendrá el diseño en su lugar y te servirá de guía.

Utiliza un bastidor para tensar la tela y que te sea más cómodo y fácil de bordar.

Empieza por la figura de la izquierda. Borda primero el gorrito de lana. Para ello, utiliza seis hebras de DMC 647 con punto de cadena. Para el borde del gorro, usa el mismo color, pero, esta vez, con punto de tela de araña.

Puedes continuar con el rostro de la figura. Para ello, emplea tan solo una hebra de DMC 3774 y realiza puntadas largas y cortas. Te recomiendo hacer las puntadas en horizontal, pero un tanto inclinadas y siguiendo la forma ovalada de la cara. Puedes realizar algunas puntadas iniciales que te servirán como referencia para marcar cómo se distribuirán las demás. De esta forma, evitaremos que la cara quede plana o bidimensional. Utiliza el mismo hilo y método para las manos; solo que, esta vez, haz puntadas verticales, que sigan la forma de los dedos.

Para el cabello, utiliza dos hebras de DMC 433 y punto de tallo. Tan solo tienes que seguir las líneas del diseño.

Para la chaqueta, usa DMC ECRU con cuatro hebras. Utiliza primero el punto de relleno para la base de la chaqueta. Haz puntadas cortas y bien juntas en cada una de las secciones de la chaqueta. Para los detalles trenzados de la chaqueta, emplea el punto de cadena gruesa; solo que, esta vez, toma seis hebras en lugar de cuatro. Para el cuello, puños y bajo de la chaqueta, utiliza de nuevo el punto de tela de araña acanalada. Seguidamente, repasa la silueta y los detalles del diseño utilizando dos hebras de DMC 310.

Para la silueta de la derecha, empieza por el rostro. Utiliza la misma técnica que en la figura anterior. Con una hebra de DMC 543, realiza puntadas largas y cortas. Repite este proceso con las manos. Después, continúa con el cabello; para ello, usa DMC 938 con tres hebras y punto de relleno.

Para la bufanda, combina punto de relleno y punto atrás. Para la base, toma tres hebras de DMC 3858. Puedes realizar puntadas de relleno largas, juntando varios bloques de cuadrados del diseño de la bufanda. Coloca las puntadas muy juntas y ligeramente en diagonal, siguiendo el diseño. Para las líneas, emplea punto atrás y combina los colores DMC 3859 y 938. Utiliza DMC 3859 con dos hebras para las más finas y DMC 938 con cuatro hebras para las más gruesas.

Para el jersey, utiliza DMC 841 con seis hebras y el punto partido.

A continuación, repasa la silueta y los detalles del diseño con dos hebras de DMC 310. Una vez hecho esto, ya puedes eliminar el papel.

Finalmente, lava o sumerge la cazadora en agua tibia y el papel se disolverá por completo, dejando únicamente el bordado.

AHORA TE TOCA A TI

¡Ya puedes presumir de chaqueta! Pero no todo queda ahí; también puedes individualizarla a tu gusto. Puedes añadir a tu diseño nombres o fechas especiales junto a las siluetas, dándole así un toque personal y significativo a tu cazadora. También puedes jugar con otro tipo de puntos y probar diferentes texturas en las prendas que llevan las chicas. Incluso te animo a diseñar tus propias protagonistas. Inspírate en aquellas mujeres que han marcado tu vida: tus amigas, tu madre, tu hermana… Estoy convencida de que tu cazadora será muy piropeada allá donde vayas.

▶ CAZADORA SORORIDAD

Consulta el video tutorial

https://youtu.be/VQIMxMJod2g

COMPLEMENTOS

DIADEMA PARA EL PELO

INTRODUCCIÓN

Siempre he creído que los complementos para la cabeza tienen una capacidad única para transformar cualquier *outfit* y darle un toque muy personal a tu estilo. A mí me encanta utilizar sombreros y diademas, ya que no solo complementan tu vestimenta, sino que también reflejan tu personalidad.

En este proyecto, te invito a explorar esta idea creando una diadema con nudo bordada a mano. No solo aprenderás a diseñar y bordar una pieza única, sino que también experimentarás la satisfacción de llevar algo que has creado tú misma.

La diadema es un accesorio versátil y atemporal, perfecto para cualquier ocasión. Al añadir tu propio bordado, la convertirás en una obra de arte personalizada que hará que cualquier atuendo resalte. Este proyecto te guiará desde la selección de la tela y el diseño del bordado hasta la confección final de la diadema. Además, este proyecto es muy sencillo y no requiere máquina de coser; tan solo necesitarás una pistola de pegamento caliente o de silicona.

El objetivo principal es que practiques y perfecciones tus habilidades de bordado, mientras te diviertes creando algo útil y bonito.

DISEÑO

Para mi diadema, he elegido una tela de algodón lisa color mostaza. Esta elección no solo añade un toque de frescura y versatilidad, sino que también ofrece una superficie más fácil de trabajar para el bordado, permitiéndote enfocarte en la técnica sin preocuparte por las complicaciones que puede presentar una tela más complicada.

En esta ocasión, he optado por un diseño sencillo pero elegante de espigas de trigo bordadas en tonos dorados. Las espigas de trigo añaden una textura interesante sin des-

entonar con el color base. La elección de este diseño permite que el bordado destaque de manera sutil, logrando un equilibrio entre visibilidad y discreción.

MATERIALES

- ✦ Tela de algodón color mostaza.
- ✦ Diadema fina de plástico.
- ✦ Dos madejas de hilo *mouliné* DMC 3822.
- ✦ Hilo de coser de color similar a la tela.
- ✦ Aguja de bordar n.º 3.
- ✦ Bastidor de madera de 13 cm.
- ✦ Bolígrafo para tela.
- ✦ Pistola de silicona o pegamento caliente.

TRANSFERENCIA

Para este proyecto dibujaré directamente sobre la tela. No te preocupes si tus habilidades como dibujante no son las mejores, ya que te guiaré paso a paso en todo el proceso. Verás que con unas sencillas directrices podrás plasmar el diseño en la tela.

Si lo prefieres, puedes utilizar papel de transferencia o de calco para plasmar exactamente el mismo diseño.

TIPOS DE PUNTOS

- **Punto de tallo:** para bordar los tallos.
- **Punto rococó con punto margarita:** para bordar las espigas de trigo.
- **Punto atrás:** para coser la diadema.
- **Puntada invisible:** para cerrar la diadema.

CONSEJOS ANTES DE EMPEZAR

Practica los puntos recomendados en un trozo de tela aparte antes de empezar en la diadema. Esto te permitirá mejorar tu técnica y evitar errores en el proyecto final.

Si no te sientes segura de dibujar directamente sobre la tela, practica primero en papel hasta que te sientas cómoda con el diseño.

Busca imágenes de trigo reales para tener una referencia visual y mejorar la precisión de tu dibujo.

Utiliza el pegamento caliente con cuidado y trabaja en una superficie protegida para evitar accidentes.

TUTORIAL PASO A PASO

El primer paso es transferir el diseño a la tela. Para ello, utiliza el patrón de la diadema. Puedes recortarlo y guardarlo para volver a utilizarlo o puedes calcarlo en un folio y recortar el papel para conservar el patrón y tenerlo siempre disponible. Te recomiendo esta segunda opción.

Coloca las dos partes anchas de la diadema juntas y pégalas utilizando un trozo de cinta adhesiva. A continuación, coloca el patrón sobre la tela y, con ayuda de un bolígrafo para tela, dibuja el contorno.

Dibujo del diseño

Una vez tienes la forma de la diadema dibujada en la tela, traza el diseño del bordado.

Para el trigo, comienza dibujando las líneas curvas de los tallos. Añade las espigas haciendo pequeñas líneas diagonales a ambos lados del tallo principal, en forma de «V». Estas líneas serán las espigas del trigo, asegúrate de que sean aproximadamente del mismo tamaño y estén espaciadas

de manera uniforme a lo largo del tallo.

Finalmente, añade líneas rectas en diagonal, que salgan de entre las semillas del trigo, para darle un toque más realista.

No te preocupes por hacer un dibujo perfecto. La belleza del bordado está en su toque artesanal y único.

Una vez que tienes el diseño hecho, coloca la tela en el bastidor. Ya estás lista para empezar a bordar.

Bordado

Te recomiendo empezar por el tallo. Utiliza punto de tallo con tres hebras del hilo.

A continuación, utiliza el punto rococó con seis hebras de hilo en cada una de las líneas que forman la «V». Te sugiero hacer, como mínimo, diez vueltas de hilo en la aguja. Seguidamente, añade un punto margarita de manera que el punto rococó quede dentro de este. Repite este proceso para cada una de las líneas que forman el trigo.

Finalmente, empleando dos hebras, añade unas puntadas rectas que salgan de entre las semillas del trigo.

Una vez que has acabado el bordado, elimina los restos del bolígrafo con aire caliente. Para ello, puedes usar un secador de pelo.

La diadema

Una vez que tienes el bordado hecho en la tela, llega el momento de montar la diadema.

Pon la tela doble y corta el contorno del diseño de manera que tengas dos pedazos de tela iguales.

Coloca ambos trozos de tela del revés (con el bordado hacia dentro) y cóselos. Puedes valerte de la máquina de coser para ello, pero, si no dispones de una, la puedes coser a mano utilizando punto atrás. Toma hilo de coser y haz puntadas pequeñas. Recuerda dejar un trozo sin coser, ya que por este agujero le daremos la vuelta a la tela e introduciremos la diadema.

Una vez que tienes los dos pedazos cosidos, dale la vuelta a la tela de manera que el bordado quede por fuera.

Introduce la diadema por el agujero y ciérralo con puntada invisible.

En el centro de la diadema, recoge la tela y cósela de manera que quede agrupada en el medio, donde irá el nudo.

A continuación, recorta los dos pedazos de tela que forman el nudo. Con la tela del revés, dobla un pedazo por la mitad, juntando los lados más largos. Cose los bordes dejando un lado corto sin coser. Dale la vuelta a la tela y cose con puntada escondida el lado corto que ha quedado abierto. Realiza el mismo proceso para el otro pedazo.

Ahora, junta ambas piezas para que queden entrelazadas. Para ello, coge una de las piezas y une los extremos. Cóselos, creando una especie de círculo con la tela. Introduce el otro pedazo de tela por este círculo y junta los dos extremos. Cóselos de manera que tengas las dos tiras de tela entrelazadas entre ellas.

Por último, coloca el nudo en la diadema. Solo tienes que añadir las tiras entrelazadas alrededor del ancho de la diadema y pegarlas a la tela. Utiliza la pistola de silicona o pegamento caliente.

¡Ya puedes disfrutar de tu diadema!

AHORA TE TOCA A TI

Te animo a que explores y diseñes tu propio bordado. A continuación, te dejo algunas recomendaciones:

— Piensa en los elementos que te inspiran y que reflejan tu estilo personal. ¿Te atraen las flores silvestres?, ¿las formas geométricas?, ¿quizá los patrones abstractos?
— Elige tu paleta de colores y selecciona aquellos que complementen la tela de tu diadema. Puedes optar por tonos que contrasten o bien similares, para un efecto más sutil.
— Considera el tejido, piensa en cómo diferentes puntos de bordado pueden añadir textura a tu diseño.
— Antes de comenzar a bordar, dibuja tu diseño en papel. Esto te ayudará a planificar la distribución y el tamaño de los elementos.
— Recuerda que este proyecto es tanto sobre el proceso como sobre el resultado final. Disfruta cada puntada y permítete experimentar y aprender. ¡Estoy segura de que tu diadema será una pieza única y preciosa que llevarás con orgullo!

▶ DIADEMA PARA EL PELO

Consulta el video tutorial

https://youtu.be/I2hyGNzI8iE

FJALLRAVEN
KÅNKEN
NOT DIFFERENT,

COMPLEMENTOS

MOCHILA KANKEN

INTRODUCCIÓN

Hace unos años, cuando apenas comenzaba a bordar profesionalmente, me compré una mochila Kanken, que me encantaba por su forma tan bonita y porque estaba disponible en un montón de colores. Sin embargo, igual que a mí, también le gustaba a mucha gente; era (y es) tan popular que, siempre que iba por la calle, me cruzaba con alguien que la llevaba. Fue entonces cuando decidí personalizar la mía con bordado.

Mi primera Kanken la bordé con una corona de flores alrededor del logo y, cuando la compartí en redes sociales, fue un auténtico éxito. Empezaron a llegarme mensajes de personas que querían que les bordase su mochila, y así comencé a bordar mochilas para otros. Cada vez recibía más pedidos.

Un día, me llegó un mensaje que cambiaría mi vida: la propia marca Fjällräven me contactó y me invitó a un evento superimportante, al que asistí en calidad de artista. Con motivo del acontecimiento, me pidieron intervenir algunas mochilas, y uno de los diseños que creé para la ocasión fue el bosque estrellado. Esta mochila se convirtió en una de mis creaciones más populares y es, hasta la fecha, mi favorita. Desde entonces, he bordado probablemente más de 300 mochilas, cada una con un diseño único y especial.

En este proyecto, te invito a bordar tu propia mochila Kanken con el mismo paisaje. Bordaremos un bosque de pinos, una tienda de campaña y un oso bajo un cielo estrellado con una luna llena.

No solo crearás una pieza singular y personalizada, sino que también disfrutarás del proceso de transformar un artículo cotidiano en una obra de arte portátil.

DISEÑO

Para este diseño, he optado por un paisaje nocturno que combina la serenidad de la naturaleza con el espíritu aventurero de acampar al aire libre. La escena incluye árboles tipo pino, altos y majestuosos, que representan la naturaleza en su esplendor; una tienda de campaña, símbolo de aventura y exploración; un oso, que aporta al conjunto un toque de

vida salvaje, y, finalmente, un cielo estrellado con una luna llena, para recrear un ambiente mágico y tranquilo.

MATERIALES

- ✦ Mochila.
- ✦ Madejas de hilo *mouliné* DMC 3781, 3052, BLANC, ECRU, 169, 310, 385.
- ✦ Aguja de bordar n.º 1.
- ✦ Rotulador de tela.
- ✦ Tijeras de bordado.
- ✦ Papel adhesivo soluble.

Opcional

✦ Dedal de silicona o tirador de agujas. El tirador de agujas es un pedazo plano de silicona que sirve para tirar de las agujas por delante de la tela cuando esta es gruesa y no permite que la aguja salga con facilidad.

TRANSFERENCIA

Para este proyecto, vamos a combinar dos técnicas. Dibujaremos directamente sobre la mochila y también utilizaremos el papel adhesivo soluble. Si no te sientes segura de dibujar directamente, puedes practicar primero en papel.

TIPOS DE PUNTOS

- **Punto de relleno:** para la tienda de campaña y el oso.
- **Punto atrás:** para repasar la tienda de campaña y para los troncos de los árboles.
- **Punto de nudo francés:** para las estrellas.
- **Punto largo y corto:** para la luna y los pinos.

CONSEJOS ANTES DE EMPEZAR

Antes de comenzar, puedes practicar los puntos recomendados en un trozo de tela aparte. Realiza algunas pruebas con los árboles y la luna, para asegurarte de que dominas las puntadas largas y cortas.

TUTORIAL PASO A PASO

Dibujo del diseño

Empieza dibujando los pinos. Para ello, traza primero una línea vertical acabada en punta, como si fuera una larga flecha. Esta flecha será el tronco y la punta de arriba del árbol. A continuación, añade diagonales que salen de ambos lados del tronco, de forma escalonada e incrementando el tamaño con cada diagonal.

Para el cielo estrellado, dibuja pequeños puntos repartidos de forma aleatoria por la superficie de la mochila. También puedes incluir estrellas brillantes y algunas fugaces. Para ello, dibuja una o dos cruces y alguna línea en diagonal.

Para la luna, haz un círculo. Te puedes ayudar de una regla de círculos o un objeto circular que tengas por casa, como el tapón de una botella.

Para la tienda de campaña y el oso, utiliza papel adhesivo. Puedes imprimir el diseño o calcarlo.

Bordado

Empieza bordando los troncos de los pinos. Para ello, utiliza punto atrás con hilo de color marrón y tres hebras. Con un par o tres de puntadas será suficiente. Para las hojas, usa hilo de color verde con dos hebras y realiza puntadas largas y cortas. Puedes combinar diferentes tonos y hacer árboles de distintos colores.

Para las estrellas, utiliza hilo de color blanco con seis hebras. A mí me gusta combinar estrellas de diferentes tamaños. Puedes hacer nudos franceses para las más grandes

y breves puntadas para las más pequeñas. Simplemente, clava la aguja por detrás e introdúcela de nuevo en la tela, muy cerca de donde has salido. Se verá un punto muy pequeño, pero dará la sensación de que se trata de una estrella más lejana. Y para las fugaces y las brillantes, utiliza tan solo dos hebras de hilo.

Para la luna, toma hilos de color blanco, blanco roto y gris. También puedes hacer algunas puntadas de color negro. Usa solo una hebra, para que los diferentes colores de hilo queden bien mezclados. Realiza puntadas largas y cortas.

Para la tienda de campaña, utiliza puntadas de relleno y tres hebras de color amarillo. Realiza puntadas cortas en diagonal. Para repasar el contorno de la tienda, puedes valerte de la técnica del punto atrás con dos hebras de color negro.

Para el oso, utiliza también puntada de relleno, pero esta vez con dos hebras de color marrón. Te recomiendo hacer puntadas cortas en diagonal.

Finalmente, elimina los restos de papel adhesivo con un paño o toalla mojada. Insiste hasta que el papel desaparezca por completo. Una vez se haya secado el hilo, ya puedes disfrutar de tu nueva mochila.

AHORA TE TOCA A TI

Te animo a que explores y personalices tu propio diseño. Aquí te dejo algunas sugerencias:

— Puedes ajustar los elementos del paisaje según tus preferencias y estilo personal. ¿Te gustan más las montañas que los pinos? ¿Prefieres un lago en lugar de una tienda de campaña? No dudes en adaptar el diseño a tus gustos. Puedes agregar ríos, animales diferentes o incluso una pequeña cabaña.

— Juega con las tonalidades. Experimenta con diferentes paletas de colores.

— Añade detalles personales. Incorpora elementos que tengan un significado especial para ti. Puede ser tu mascota, tu flor favorita o una frase inspiradora bordada junto al paisaje.

— Prueba con diferentes puntos y no te limites a los que hemos utilizado en este proyecto. Pon en práctica otros tipos de puntadas que te resulten interesantes y que puedan añadir textura y profundidad a tu diseño.

— ¡Haz de tu mochila una obra de arte que te acompañe en todas tus aventuras!

MOCHILA KANKEN

Consulta el video tutorial

https://youtu.be/SC4ivr5VY-s

CALZADO

ZAPATILLAS DE LONA

INTRODUCCIÓN

En este proyecto vamos a darle vida a un par de zapatillas de lona, añadiendo un diseño bordado que refleje tu personalidad. La lona de las Converse es perfecta para bordar porque es una tela firme pero lo suficientemente fina como para poder atravesarla fácilmente con la aguja.

Las primeras zapatillas Converse que bordé fueron una edición especial que hizo la marca en colaboración con OPI, una conocida firma de esmaltes de uñas. Se trataba de unas zapatillas completamente rosas, inspiradas en uno de sus colores de pintaúñas llamado Edinburg-er & Tatties.

Fueron precisamente el diseño y el color de las zapatillas los que me inspiraron a realizar el bordado. Se me ocurrió cubrirlas completamente con flores y hojas bordadas, utilizando la técnica del tono sobre tono, es decir, con hilos del mismo color que la zapatilla, pero en distintos tonos. El resultado fue precioso: un bordado muy potente, con mucha textura y muy visual, pero a la vez fino y delicado.

Déjame decirte que quedé muy satisfecha y orgullosa con mis nuevas Converse y, cuando las compartí en redes, fueron un auténtico éxito. Incluso ahora, cuando las enseño de nuevo, recibo comentarios halagadores y mensajes de personas encantadas con el resultado, por lo que tenía que incluirlas en el libro.

Aunque pueda parecer un proyecto complejo, te aseguro que es más fácil de lo que crees. Con mi ayuda, verás que puedes personalizar estas fantásticas zapatillas sin dificultad. Te guiaré paso a paso, desde la selección de los materiales hasta el último punto de bordado.

Así que, si alguna vez has mirado tus zapatillas y has pensado que podrían identificarte mejor, este proyecto es para ti. ¡Vamos a transformar esas Converse en una obra de arte que puedas llevar contigo a donde vayas!

DISEÑO

Para este proyecto bordaremos flores y hojas distribuidas por toda la zapatilla. La idea es cubrir la tela lo máximo posible, añadiendo textura y relieve al calzado. Recuerda que puedes emplear los colores que más te gusten, pero, para este proyecto, yo voy a usar el

tono sobre tono. He escogido los hilos del mismo color que la zapatilla, pero en tonos distintos, de manera que, si la zapatilla es de color mostaza, mis hilos serán una gama de diferentes tonos de mostaza.

Para ayudarte con el diseño, en el apartado de «Patrones» encontrarás una plantilla con el dibujo de una zapatilla y varias flores y hojas. La idea es que diseñes tu zapatilla utilizando esos elementos distribuidos por toda la superficie. Yo te guiaré, paso a paso, para que puedas realizar un diseño a la altura de tus expectativas.

MATERIALES

- Zapatillas.
- Hilos *mouliné*.
- Aguja de bordar n.º 1.
- Bolígrafo para tela.
- Tijeras de bordado.

Opcional

- Dedal.

TRANSFERENCIA

Dibuja directamente el diseño en las zapatillas. Para ello, te recomiendo utilizar un bolígrafo para tela.

TIPOS DE PUNTO

- **Punto de tallo:** para los tallos de las flores y las ramas de hojas.
- **Punto de relleno:** para las hojas y los pétalos de las flores.
- **Punto de rosa:** para las rosas.

- **Punto de hoja de espina:** para las hojas.
- **Nudo francés:** para el centro de las flores y pequeños detalles.
- **Punto margarita:** para los pétalos de las pequeñas margaritas.

CONSEJOS ANTES DE EMPEZAR

Como te comentaba en el apartado de diseño, te recomiendo planificar bien el dibujo realizando varios bocetos en una hoja de papel. Utiliza la plantilla disponible en la sección de «Patrones».

TUTORIAL PASO A PASO

Dibujo del diseño

Lo primero que vamos a hacer es diseñar nuestro patrón. Para ello, puedes utilizar la plantilla de las zapatillas sobre la que iremos dibujando nuestro diseño. Es importante planificar bien qué queremos bordar antes de dibujar directamente en la tela.

Vamos a empezar con unas pautas muy sencillas. Yo siempre comienzo este tipo de diseños dibujando rosas, que coloco de dos en dos. Recuerda que las rosas se dibujan como círculos con cinco líneas que salen del centro. De las rosas siempre procuro que salgan hojas. Y les doy forma de lágrima, con una línea en el centro. También podemos hacer dos hojas juntas, una detrás de la otra.

A continuación, podemos añadir un par de rosas de más. Las coloco en diagonal con respecto a las primeras, para que el diseño se vea equilibrado, y nuevamente incorporo unas hojas.

Otro elemento que podemos introducir son las margaritas. Dibuja una media margarita que brote desde detrás del logo y añade una hoja que salga de esta flor. Agrega también otra margarita completa y con hoja para cubrir más superficie. Recuerda que siempre puedes rectificar tu diseño como te convenga.

Una segunda técnica que cubre bastante superficie es la de la flor por niveles, la cual puedes colocar por debajo del logo.

Añade ramas en las zonas estrechas. Empieza dibujando una primera línea que represente la rama y añade una hoja en la punta. A continuación, suma más hojas a ambos lados de la rama. Para equilibrar el diseño, puedes añadir más ramas de hojas aprovechando los espacios y formas de la zapatilla; por ejemplo, siguiendo el contorno del logo.

Para acabar, introduce alguna otra flor pequeña con forma de tulipán. Finalmente, marca los huecos en blanco con pequeñas margaritas.

Con esto, el diseño debería estar bastante lleno, pero, si te queda algún hueco, también puedes hacer puntos que más tarde bordaremos con nudo francés. Lo bonito de este patrón será ver todas esas flores juntas, con mucho relieve y textura.

Para la otra cara de la zapatilla aplica el mismo procedimiento. Añade elementos a tu diseño de forma equilibrada. Puedes empezar colocando la flor grande por niveles, en el centro, y, a partir de ahí, ir añadiendo detalles de mayor a menor.

Una vez que estés satisfecha con tu boceto, plasma el diseño en la zapatilla con un bolígrafo para tela.

Bordado

Para este bordado, te propongo utilizar la técnica del tono sobre tono. Para ello, he escogido cinco madejas de un color similar al de mis zapatillas, pero en cinco tonos distintos. En mi caso, he usado los colores 3822, 3852, 676, 680 y 782. Emplea siempre seis hebras del hilo para conseguir textura y relieve en tu bordado.

Te recomiendo empezar bordando las rosas con punto de rosa. Continúa con las hojas, utilizando el punto de hoja de espina. Combina los colores e intenta no repetir el mismo tono en una misma sección.

No te preocupes por los pequeños espacios que quedan entre las rosas y las hojas, ya que los puedes llenar con nudos franceses, que parecerán pequeñas florecitas que salen de entre las rosas. Este tipo de punto va muy bien para rellenar los pequeños huecos que pueda haber y le da mucho cuerpo al diseño. Utiliza el punto francés también para el centro de las margaritas. Para los pétalos, usa el punto de relleno. Combina siempre los colores de forma que ningún elemento que se toque o esté al lado tenga el mismo color.

Borda los tallos de las flores y las ramas con punto de tallo. De nuevo, utiliza el punto de relleno para las pequeñas hojas que salen de las ramas.

Para los espacios en blanco, otro recurso del que puedes valerte, aparte de los nudos franceses, son las margaritas. Realiza el centro de la flor con un nudo francés; te recomiendo hacerlo pequeño, de una o dos vueltas de hilo. A continuación, añade pétalos en función del espacio que tengas.

Para la gran flor con niveles, utiliza el punto de relleno. Te sugiero comenzar en el centro y avanzar hacia el exterior. Se trata de la misma puntada que hemos ejecutado para los pétalos, solo que en esta ocasión las puntadas son más cortas, van una al lado de la otra y no desembocan en el mismo punto.

Para finalizar, una vez tienes tu bordado acabado, pasa un secador de pelo con aire caliente para eliminar los rastros de bolígrafo. ¡Y ya puedes presumir de tus nuevas zapatillas!

AHORA TE TOCA A TI

¡Es tu turno! Dale una nueva vida a tus zapatillas con un bordado único. Aquí tienes algunas ideas y sugerencias para explorar tu creatividad y dar tu toque personal al proyecto:

— Experimenta con diferentes diseños. No te limites a un solo patrón. Prueba con flores, formas geométricas, animales o incluso tus iniciales. Cualquier diseño que te inspire puede convertirse en una obra de arte.

— Juega con los colores. Aunque hemos utilizado la técnica de tono sobre tono, no dudes en experimentar con una paleta más vibrante. Combina colores contrastantes para un *look* llamativo, o tonos pastel para un efecto más sutil.

— Añade detalles extras. Incorpora lentejuelas o pequeños abalorios para conferir brillo y textura a tus bordados. Estos detalles pueden hacer que tus zapatillas sean aún más especiales.

— Personaliza con frases o nombres. Bordar tu nombre, una frase inspiradora o una cita que te guste le otorgará personalidad a tus zapatillas.

— Inspírate en la naturaleza. Observa flores, hojas y patrones naturales a tu alrededor. Utiliza fotos o sal a dar un paseo para inspirarte en los colores y en las formas de la naturaleza.

— Recuerda que tu atuendo forma parte de ti, es tu manera de expresarte. No hay reglas estrictas en el vestir, así que siéntete libre de experimentar y disfrutar del proceso. Cada puntada es una oportunidad para crear algo que sea verdaderamente tuyo.

▶ ZAPATILLAS DE LONA

Consulta el video tutorial

https://youtu.be/PIfiQyi4JZU

CALZADO

ZAPATILLAS MARY JANE CON ABEJAS

INTRODUCCIÓN

Una de las primeras colaboraciones que realicé a nivel profesional fue un encargo que recibí de la revista inglesa de manualidades *Mollie Makes*. Me pidieron hacer un tutorial de bordado sobre unas zapatillas de verano con un diseño de abejas. Era la primera vez que me publicaban en una revista y el proyecto incluso salió en la portada (en una esquina muy pequeña, ¡pero sigue siendo la portada!).

La verdad es que le tengo mucho cariño a ese diseño y las zapatillas resultaron ser muy bonitas, por lo que he decidido incluir una nueva versión y compartirla contigo.

En esta ocasión, me he decantado por el modelo Mary Jane de la marca Superga. Me parecen unas zapatillas superbonitas, muy cómodas y con un toque chic. ¡Ideales para el verano!

DISEÑO

En este diseño, vamos a bordar pequeñas abejas dispersas por las zapatillas. Estoy convencida de que la confección de las abejas te resultará una labor muy fácil y divertida. Con algunos materiales básicos y un poco de práctica, verás que puedes personalizar tu calzado de forma muy sencilla.

Las abejas estarán dispuestas en diferentes posiciones, volando alrededor del calzado, creando un patrón dinámico y alegre. Verás que, con unas simples puntadas, crearás un diseño precioso.

MATERIALES

- Zapatillas blancas. Yo me he decantado por el modelo Mary Jane de la marca Superga.
- Madejas de hilo *mouliné* DMC 3822, 310 y ECRU.
- Aguja de bordar n.º 1.
- Bolígrafo de tela.
- Tijeras de bordado.

- *Opcional.* Dedal.

TRANSFERENCIA DEL DISEÑO

Para este proyecto, dibujaremos las abejas directamente sobre las zapatillas. No te preocupes si el boceto no es perfecto; el bordado a mano tiene su propio encanto.

TIPOS DE PUNTOS

- **Punto de relleno:** para el cuerpo de las abejas.
- **Puntadas cortas:** para las antenas.
- **Punto margarita:** para las alas.

CONSEJOS ANTES DE EMPEZAR

Antes de bordar las zapatillas, puedes practicar el bordado de las abejas en un pedazo de tela. Verás que la ejecución es muy sencilla.

TUTORIAL PASO A PASO

Dibuja pequeñas abejas dispersas por la superficie de las zapatillas. Cada abeja debe tener un cuerpo ovalado, rayas negras, alas pequeñas y antenas.

Puedes hacer abejas de lado, con las antenas mirando hacia la derecha o hacia la izquierda, y con ambas alas en el lado opuesto a las antenas. También puedes hacer abejas de frente. En ese caso, tendrán las antenas en el centro, en forma de «V», y las alas, a cada lado del cuerpo.

Bordado

Para el cuerpo de las abejas, utiliza tres hebras de color amarillo y punto de relleno. Realiza puntadas cortas y uniformes para cubrir toda el área.

Con dos hebras de hilo negro, borda las rayas del cuerpo de la abeja. Con un par de puntadas será suficiente.

A continuación, añade las antenas con tan solo una hebra de hilo negro y haz dos pequeñas puntadas.

Para las alas, usa el punto margarita con dos hebras de color ECRU.

AHORA TE TOCA A TI

Ahora que has aprendido a bordar pequeñas abejas en tus zapatillas, es tu turno de darle tu toque personal. Puedes añadir detalles extras, como flores o incluso un panal de abejas, y probar con otros tipos de puntos. También puedes jugar con la textura del bordado y utilizar un hilo distinto al *mouliné*, como, por ejemplo, perlé.

Recuerda que la clave está en divertirse y dejar volar tu imaginación. Estoy segura de que tus zapatillas bordadas serán una pieza maravillosa que llevarás con orgullo.

▶ ZAPATILLAS MATY JANE

Consulta el video tutorial

https://youtu.be/aDAXchXvoMA

MESA

SERVILLETAS

INTRODUCCIÓN

Como te explicaba en el proyecto de bordar un bastidor como marco de fotos, para el día de mi boda bordé muchos elementos. Uno de ellos fueron las servilletas de mis invitados. En concreto, bordé 120 servilletas; cada una de ellas, adornada con unas flores y el nombre de la persona. Me gustaba la idea de regalar a mis amigos y familiares algo personalizado, especial, y que, a la vez, estuviera hecho por mí. Ese proyecto me llevó un par de semanas, pero sin duda valió la pena.

De hecho, no fueron las únicas servilletas que he bordado. Hace un par de años que organizo la comida de Navidad en mi casa. Tengo que confesar que me encanta esta festividad, y más aún si he de hacer de anfitriona, por lo que tenía claro que en la mesa no podían faltar servilletas personalizadas con motivos navideños, como las que tenía mi abuela.

Como esas servilletas las utilizamos muy poco, he querido aprovechar la ocasión y crear un nuevo diseño perfecto para decorar las mesas de verano: ¡servilletas con bordados de frutas! Estas servilletas no solo añadirán un toque fresco y colorido a tu mesa, sino que también serán una pieza única y personalizada que sorprenderá a tus invitados.

DISEÑO

Para este diseño, vamos a bordar seis tipos de frutas diferentes en servilletas bien llamativas. Cada fruta añadirá un toque de color y estilo a tu mesa, haciendo que cada comida sea especial.

MATERIALES

- Servilletas de tela (del color que prefieras). Para este proyecto, yo he escogido unas de color rosa y rojo.
- Madejas de hilo *mouliné* DMC 304, 3347, 817, 729, 3345, 3801, ECRU, 3818, 310, 816, 739, 321, 987, 351 y 741.
- Aguja de bordar n.º 3.
- Tijeras de bordado.
- Bastidor pequeño.
- Papel adhesivo.

TRANSFERENCIA DEL DISEÑO

Para este proyecto, utilizaremos papel de bordar, también conocido como papel adhesivo soluble en agua. Este método facilita la transferencia del diseño y asegura que el dibujo sea preciso.

TIPOS DE PUNTOS

- **Nudo francés:** para rellenar algunas frutas y pequeños detalles, como semillas.
- **Punto de tallo:** para los tallos.
- **Punto de hoja:** para las hojas.
- **Puntadas cortas:** para el interior y para pequeños detalles.
- **Punto de relleno:** para el interior de algunas frutas.
- **Punto de cadena:** para el interior y el borde de algunas frutas.
- **Punto margarita:** para el interior de algunas frutas.
- **Punto atrás:** para el interior y el borde de algunas frutas.
- **Punto partido:** para rellenar las cerezas.

CONSEJOS ANTES DE EMPEZAR

Prueba el patrón e imprímelo en un folio antes de usar el papel adhesivo soluble en agua. Esto te permitirá probar y ajustar el tamaño del diseño para ver si se adapta bien a las servilletas que vayas a bordar. Una vez que estés satisfecha con el tamaño, puedes imprimirlo en el papel adhesivo.

TUTORIAL PASO A PASO

El primer paso es imprimir todos los diseños. Después, recórtalos. Te recomiendo siempre dejar un poco de margen.

A continuación, despega el respaldo del papel y pega el diseño en la esquina de cada servilleta donde quieras bordar. Te sugiero pegar solo el diseño que vayas a bordar, ya que, pasado un tiempo, el papel puede despegarse de la tela si no está bordado.

Bordado

Una vez que hayas pegado el diseño, puedes empezar a bordar directamente sobre el papel adhesivo y la servilleta. El papel mantendrá el diseño en su lugar y te servirá de guía. Utiliza un bastidor pequeño para tensar la tela y así la ejecución te resultará más cómoda y fácil.

Frambuesas. Utiliza DMC 304 con seis hebras. Haz múltiples nudos franceses con cuatro vueltas para formar la frambuesa, asegurándote de que queden bien juntos para darle textura. Para las hojas de la frambuesa, emplea cuatro hebras de color verde DMC 3347 y el punto de hoja de espina. Con el mismo color, borda también los tallos usando dos hebras y punto de tallo.

Fresas. Utiliza DMC 321 con seis hebras. Haz puntadas cortas para el cuerpo de las fresas. Para las semillas, añade nudos franceses con DMC 729. Puedes usar tres hebras y

hacer una vuelta de nudo para que te queden bien pequeñas. Para las hojas, realiza punto de relleno con DMC 3345 y cuatro hebras.

Sandía. Para la pulpa de la sandía, utiliza el punto de relleno con DMC 3801 y tres hebras. A continuación, usa seis hebras de DMC ECRU con puntadas cortas para la parte blanca que hay entre la pulpa y la cáscara. Para la cáscara, repite este mismo punto, pero con DMC 3818. Finalmente, añade pequeñas puntadas negras para las semillas empleando DMC 310 con cuatro hebras.

Granada. Para las semillas del interior de la granada, utiliza nudos franceses bien grandes. Para ello, puedes usar seis hebras de DMC 816 y hacer cuatro vueltas de hilo en cada nudo. Para la membrana que envuelve las semillas, prueba con tres hebras de color 739 y realiza puntadas cortas que cubran la superficie. Para la corteza, puedes optar de nuevo por DMC 816 con seis hebras y punto partido.

Cerezas. Utiliza el punto partido con DMC 321 y seis hebras. Te recomiendo seguir la forma redondeada de la cereza y realizar puntadas partidas creando varios niveles de círculos en su interior. Para el brillo de la cereza, emplea punto francés con seis hebras de color DMC ECRU y cuatro vueltas de hilo. Finalmente, borda las hojas usando punto de tallo y punto de hoja con cuatro hebras de hilo DMC 987.

Pomelo. Empieza por la cáscara utilizando el punto atrás con seis hebras de DMC 741. Una vez hayas repasado todo el borde, saca la aguja de nuevo encima de la tela y, sin clavarla en ella, pásala por entre cada una de las puntadas que has creado con el punto atrás; siempre en la misma dirección. De esta manera, el hilo se irá enrollando y conseguirás un efecto muy bonito. A continuación, usa DMC ECRU con seis hebras y punto atrás para añadir una segunda capa de hilo entre lo que sería la pulpa del pomelo y la cáscara. Para la pulpa, toma seis hebras de DMC 351 y realiza punto margarita para cada una de las secciones. Finalmente, añade un nudo francés en el centro con seis hebras de DMC ECRU y cuatro vueltas de hilo.

Para acabar, lava o sumerge las servilletas en agua tibia. El papel se disolverá por completo, dejando únicamente el bordado.

AHORA TE TOCA A TI

Ahora que has aprendido a bordar estas bonitas frutas en tus servilletas, es el momento de dar rienda suelta a tu creatividad. Juega con los colores y experimenta con diferentes combinaciones. Puedes hacer frutas más o menos coloridas y añadir algunos detalles extras, como flores o incluso pequeñas mariposas alrededor de las frutas. También puedes personalizar tu diseño con iniciales o nombres.

¡No tengas miedo de probar cosas nuevas! Estoy segura de que tus servilletas bordadas serán una pieza maravillosa que embellecerá tu mesa y sorprenderá a tus invitados.

▶ SERVILLETAS

Consulta el video tutorial

https://youtu.be/jEnSSL-r9Mo

CELEBRACIONES

NAVIDAD, ADORNOS PARA EL ÁRBOL

INTRODUCCIÓN

La Navidad es una época mágica, llena de tradiciones y momentos especiales. Si te digo la verdad, es mi celebración favorita del año y durante las fiestas me vuelvo loca adornando mi casa con todo tipo de detalles; aunque con lo que más disfruto es haciendo yo misma el decorado. Hay algo muy especial en crear adornos cada año e ir aumentando la colección poco a poco.

Empecé a elaborar algunas piezas para el árbol hace mucho tiempo, pero no fue hasta el año pasado que se me ocurrió hacer las iniciales de los miembros de mi familia.

Bordé las letras en fieltro y las rellené con espuma de relleno. Les coloqué un lacito y las colgué en distintas ramas. Como con todo lo que bordo, subí un video del resultado a mis redes sociales y rápidamente se hizo viral; tanto que, hasta la fecha, acumula más de doce millones de reproducciones en Instagram.

Me gustaría compartir este proyecto tan especial contigo, ya que es realmente sencillo pero muy vistoso. Las iniciales no solo sirven para enriquecer el árbol de Navidad, sino que también se pueden usar para adornar la mesa o para regalarlas a amigos y familiares; incluso causan una grata impresión si las empleas para personalizar el envoltorio de un presente.

En este proyecto, aprenderás a bordar y crear adornos en fieltro. La Navidad es el momento perfecto para dejar volar tu imaginación y decorar tu hogar con detalles hechos a mano.

DISEÑO

En este diseño, vamos a crear adornos en forma de iniciales utilizando fieltro de colores que bordaremos con unas ramitas de hojas, simulando el acebo navideño.

El fieltro de lana 100 % es el material perfecto para realizar este proyecto porque es muy resistente y duradero, lo que significa que tus adornos navideños pueden durar muchos años sin desgastarse ni deshilacharse. Además, tiene una textura suave y un acabado elegante, concediéndoles así a los adornos un aspecto de alta calidad.

También es un tipo de tejido cómodo de bordar y muy consistente, por lo que no necesitaremos bastidor. Resulta fácil de cortar y no se deshilacha en los bordes, lo cual simplifica el proceso de creación de formas y letras para los adornos.

Otra de sus características, y una de las principales razones por las que adoro este material, es que viene en una amplia gama de colores (aunque en este proyecto utilizaremos básicamente tres). También se trata de un material natural y biodegradable, lo que lo convierte en una opción más ecológica y sostenible en comparación con los materiales sintéticos. No te dejes seducir por el fieltro sintético, ya que pronto descubrirás que no tiene nada que ver con el de lana en cuanto a calidad y acabado. El sintético es mucho más rígido y, a la hora de bordar, queda tieso y acartonado.

En resumen, el fieltro de lana 100 % no solo aporta durabilidad y belleza a tus proyectos de bordado, sino que también facilita el proceso creativo.

MATERIALES

- Fieltro de lana 100 % de color granate, verde y blanco o *beige*.
- Hilos de bordar *mouliné* DMC 522, 349 y ECRU.
- Aguja de bordar n.º 1.
- Tijeras.
- Bolígrafo de tela.
- Relleno de algodón o fibra sintética.
- Cinta de terciopelo o cuerda de yute.

TRANSFERENCIA DEL DISEÑO

Para este proyecto, vamos a dibujar las iniciales directamente sobre el tejido. Utiliza para ello un bolígrafo especial para telas. Puedes imprimir o calcar la forma en un folio, recortarla y ponerla sobre el fieltro a modo de plantilla.

También puedes usar papel adhesivo soluble e imprimir el diseño directamente en él; pero recuerda que el papel solo desaparecerá al mojarlo. Esto podría suponer un inconveniente, ya que hay fieltros de colores que destiñen.

TIPOS DE PUNTOS

- **Punto de festón:** para coser los bordes de las iniciales y unir las dos piezas de fieltro.
- **Punto atrás:** para repasar el contorno de las iniciales.
- **Punto de tallo:** para el tallo de las ramas.
- **Punto de relleno:** para el relleno de las hojas.
- **Punto de nudo francés:** para añadir pequeños detalles decorativos.

CONSEJOS ANTES DE EMPEZAR

Si vas a utilizar papel de bordar o, lo que es lo mismo, papel adhesivo soluble en agua para transferir el diseño, te recomiendo que laves primero el fieltro que vayas a usar, ya que, como he comentado anteriormente, en ocasiones puede llegar a desteñir.

TUTORIAL PASO A PASO

El primer paso es dibujar o calcar las iniciales en el fieltro utilizando plantillas. Coloca la plantilla sobre el fieltro y, con ayuda de un bolígrafo para tela, repasa el contorno.

Dibuja una línea larga y curva siguiendo la forma de la inicial, que representa la rama de hojas.

A continuación, añade una hoja en la punta y más hojas a cada lado de la rama. Puedes hacer pequeñas diagonales que salgan de entre las hojas, donde posteriormente agregaremos pequeñas bolitas que simularán el fruto rojo del acebo.

Recuerda que tienes los diseños de todas las iniciales en el apartado de «Patrones».

Finalmente, con el fieltro doble, es decir, utilizando dos capas de fieltro, recorta un pedazo en forma rectangular, dejando un margen de un par de centímetros con la letra que acabas de dibujar.

Bordado

Utiliza el punto atrás con seis hebras de hilo en un color que contraste para delinear la forma de la inicial. A continuación, usa seis hebras de color verde y el punto de tallo para la forma de la rama. Con el mismo hilo, haz puntadas cortas para repasar las pequeñas diagonales y con punto de relleno ve rellenando las hojas.

Finalmente, utiliza seis hebras de color rojo y añade nudos franceses en los extremos de las pequeñas puntadas. Puedes combinar diferentes tamaños de nudos realizando tres y cuatro vueltas de hilo.

Cinta

Corta un trozo de cinta o cordón y cóselo al interior del pedazo de fieltro que no está bordado, en la parte superior de la inicial, para crear el lazo que permitirá colgar el adorno en el árbol.

Montaje del adorno

Coloca las dos piezas de fieltro de cada inicial una encima de la otra. Utiliza el punto de festón para coser los bordes, dejando una pequeña abertura. Rellena ligeramente con algodón o fibra sintética para dar volumen. Cierra la abertura con el mismo punto de festón.

AHORA TE TOCA A TI

Una vez que has aprendido a crear adornos de Navidad, es hora de darle tu toque personal al diseño. Puedes sumar detalles, como lentejuelas o incluso botones, para añadir brillo y textura a tus adornos. Además de iniciales, puedes crear aderezos en forma de estrellas, corazones, árboles de Navidad y otros símbolos. Añade nombres o alguna frase a tu proyecto; ¡quedará muy original!

Elaborar estos adornos personalizados no solo constituye una actividad creativa, sino también una manera de celebrar el espíritu navideño con amor y atención al detalle. Cada adorno será una pequeña obra de arte que otorgará calidez y alegría a tu hogar durante las fiestas.

▶ ADORNOS NAVIDAD

Consulta el video tutorial

https://youtu.be/LstDUytHQYM

CELEBRACIONES

GORRITO DE CUMPLEAÑOS

INTRODUCCIÓN

Celebrar los cumpleaños es algo que me encanta y, desde que tengo hijos, esta pasión ha crecido aún más. Soy una persona muy detallista y disfruto muchísimo pensando y preparando todos esos pequeños toques que hacen que cada celebración sea única.

Pensar en todos los preparativos, la decoración y la temática de la fiesta se ha convertido en una de mis actividades favoritas. En mi familia, dicen que disfruto yo más que ellos, porque mis hijos todavía son muy pequeños, y tienen toda la razón; pero es que a mí me apasiona ponerme retos creativos y experimentar esa sensación de satisfacción cuando los consigo.

Para la celebración del primer año de mi hijo pequeño, decidí hacer un gorrito de cumpleaños bordado. Quería hacer algo distinto a la típica corona de tela (aunque la verdad es que también me encanta) y quedé supercontenta con el resultado.

En esta ocasión, quiero compartir contigo cómo diseñar, crear, bordar y decorar el gorrito de principio a fin. Es ideal porque no necesitarás máquina de coser, tan solo una pistola de silicona o pegamento caliente.

Además, este proyecto es perfecto para cualquier fiesta de cumpleaños, ya sea para niños o adultos, y constituye una forma maravillosa de mostrar tu creatividad y habilidades en el bordado. Te aseguro que el gorrito hecho a mano se convertirá en un recuerdo precioso de un día especial.

DISEÑO

En este proyecto, te enseñaré a hacer un gorrito de cumpleaños hecho de cartulina forrada con una tela bonita y decorado con un bordado y otros detalles, como un pompón de lana o cintas de terciopelo.

Para el bordado, te propongo un conejito, que será la excusa perfecta para practicar la técnica del *needle painting* o pintura con hilos, que nos permitirá crear un diseño detallado y realista.

MATERIALES

- ✦ Tela de algodón (puede ser lisa o con algún diseño).
- ✦ Fieltro (preferiblemente, en un color claro).
- ✦ Papel adhesivo soluble o papel de bordar.
- ✦ Hilos *mouliné* DMC ECRU, 841, 3781 y 3011.
- ✦ Aguja de bordar n.º 3.
- ✦ Tijeras de bordado.
- ✦ Tijeras dentadas (para dar forma al fieltro).
- ✦ Cartulina (para la forma del gorro).
- ✦ Pistola de silicona o pegamento caliente.
- ✦ Cinta de terciopelo (para sujetar el gorrito).

Opcional

- ✦ Lana (para el pompón, de un color que combine con la tela).
- ✦ Cinta con madroños (para decorar la base del gorrito).
- ✦ Pompón *maker* o máquina para hacer pompones.

TRANSFERENCIA DEL DISEÑO

Para este proyecto, utilizaremos papel de bordar, también conocido como papel adhesivo soluble en agua. Este método facilita la transferencia del diseño y asegura que el dibujo sea preciso.

TIPOS DE PUNTOS

- **Punto de relleno largo y corto:** para crear gradientes y detalles en el cuerpo del animal.
- **Punto de tallo:** para los tallos de las ramas de hojas.
- **Punto de relleno:** para las hojas de las ramas de hojas.
- **Nudo francés:** para ojos y otros pequeños detalles.

CONSEJOS ANTES DE EMPEZAR

Practica la técnica del *needle painting* en un trozo de tela aparte antes de empezar en el fieltro. Lo bueno de este proyecto es que el bordado se hace en una tela aparte o, en este caso, en un pedazo de fieltro, y después se pega en el gorrito; por lo que puedes practicarlo y, si estás satisfecha con el resultado, utilizar ese mismo bordado.

TUTORIAL PASO A PASO

Bordado

Usa la técnica de *needle painting* con puntadas largas y cortas para crear el cuerpo del animal. Utiliza siempre una hebra de hilo. Empieza con los colores más claros y trabaja hacia los más oscuros para crear degradados.

Añade el ojo del conejito mediante nudo francés con dos hebras del color más oscuro y una sola vuelta de hilo.

Para las ramas de hojas, opta por el punto de tallo con dos hebras de color 3011. Con el mismo hilo, usa el punto de relleno para las hojas.

Cuando tengas tu bordado listo, recorta el fieltro con las tijeras dentadas.

Finalmente, moja el fieltro en agua caliente o tibia, hasta que el papel de bordar desaparezca por completo. Colócalo sobre una toalla y, con la misma, presiona la tela para absorber el exceso de agua. Después, déjalo secar.

Recuerda: si, una vez seco, el bordado queda tieso o pegajoso, es que todavía tiene restos del adhesivo, por lo que tendrás que mojarlo de nuevo.

Gorrito

Para crear el gorrito, utiliza el patrón que encontrarás en la sección de «Patrones». Puedes calcarlo en un folio. Recorta la forma y úsala como plantilla. Para ello, coloca el papel

sobre una cartulina y repasa el contorno con un bolígrafo. No olvides marcar la línea por la que se juntarán ambos lados del gorrito y recorta la cartulina.

A continuación, forra la cartulina con la tela que hayas escogido. En mi caso, he elegido una tela de algodón con cuadritos *vichy*, pero puedes elegir cualquier tela que te guste.

Utiliza la pistola de silicona para fijar la tela a la cartulina.

Pompón

Una vez que ya tengas lista la base del gorrito, puedes añadirle un pompón de lana. Escoge un color que combine con la tela que hayas utilizado. Para el pompón, puedes usar una máquina para hacer pompones, pero, si no dispones de ella, te valdrán tus propios dedos o incluso un pedazo de cartón o cartulina.

Sostén el extremo de la lana con el pulgar de tu mano y envuelve la lana alrededor de los cuatro dedos. Si quieres un pompón más grande, envuelve la lana alrededor de los dedos y el pulgar. Continúa envolviendo la lana hasta que tengas un buen grosor. Cuantas más vueltas des, más denso será el pompón. Generalmente, 50-100 vueltas deberían ser suficientes, pero puedes ajustar según tus preferencias.

Una vez que hayas terminado de envolver la lana, corta el extremo del ovillo y, con cuidado, desliza la lana envuelta fuera de tus dedos, manteniéndola en forma de anillo.

Coloca este anillo sobre un trozo de lana de unos 20 cm. Ata un nudo muy apretado en el centro del anillo de lana y asegúrate de que el nudo esté bien ajustado para que el pompón no se deshaga.

A continuación, usa las tijeras para cortar los bucles de lana en ambos lados del nudo. Sujeta el pompón por el centro y recorta los extremos desiguales con las tijeras para darle una forma redonda y uniforme.

Otros detalles de gorrito

Para darle un toque todavía más bonito, puedes añadir a la base del gorrito una cinta con borlas o madroños. Utiliza la pistola de silicona y pega la cinta directamente sobre la tela.

Para poder sujetar el gorrito, pega también unas cintas de terciopelo a lado y lado, por dentro del gorro. Asegúrate de que las cintas sean lo suficientemente largas para poder hacer un lazo por debajo de la barbilla.

Finalmente, pega el pedazo de fieltro bordado en el centro del gorrito, ¡y ya puedes disfrutar de esta pieza única y personal!

AHORA TE TOCA A TI

Ahora que has aprendido a crear y bordar un gorrito de cumpleaños, pon a punto tu imaginación y dale tu toque más personal.

Experimenta con diferentes animales para el bordado, o plasmando los personajes favoritos de tus hijos. También puedes optar por motivos florales, estrellas o cualquier tema que te guste y sea significativo para la ocasión.

Puedes personalizar el gorrito con nombres o números. Esto no solo lo hace más especial, sino que también lo convierte en un recuerdo único del día.

Además del pompón de lana, puedes decorar el gorrito con lentejuelas, botones, cintas de encaje o cualquier otro elemento que te guste. Y también puedes crear un conjunto de accesorios temáticos, como una varita o un cuello bordado.

Finalmente, te sugiero que involucres a los niños. Invítalos a participar en la creación de sus propios gorritos. Será una actividad divertida y les permitirá expresar su creatividad.

Permite que tu ingenio brille en cada puntada y transforma tus celebraciones en momentos mágicos, llenos de amor y detalles exclusivos.

¡Atrévete a crear algo extraordinario y disfruta del proceso!

▶ GORRITO CUMPLEAÑOS

Consulta el video tutorial

https://youtu.be/KAw9VVSA3qk

PATRONES

Te muestro los patrones correspondientes a cada proyecto, con la indicación de los tipos de puntos, acompañados de un código QR para que descargues los patrones para trabajo en formato pdf y puedas imprimirlos y usarlos.

Bastidor frase inspiradora

Girasol para el bastidor marco de fotos

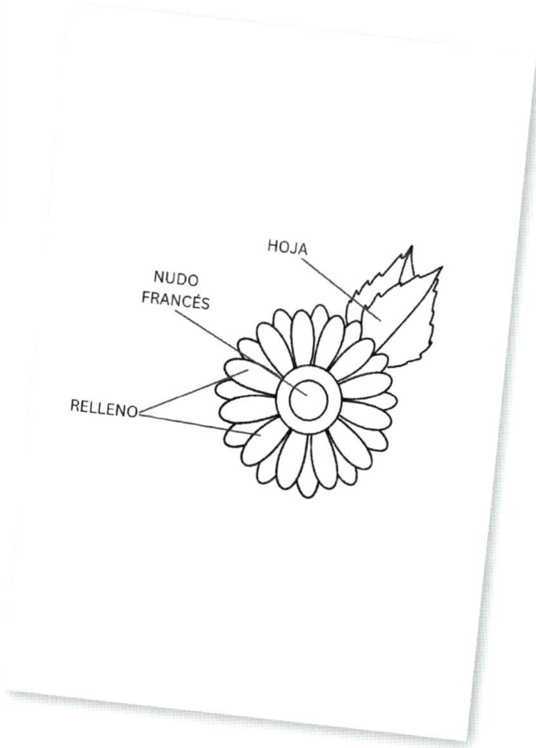

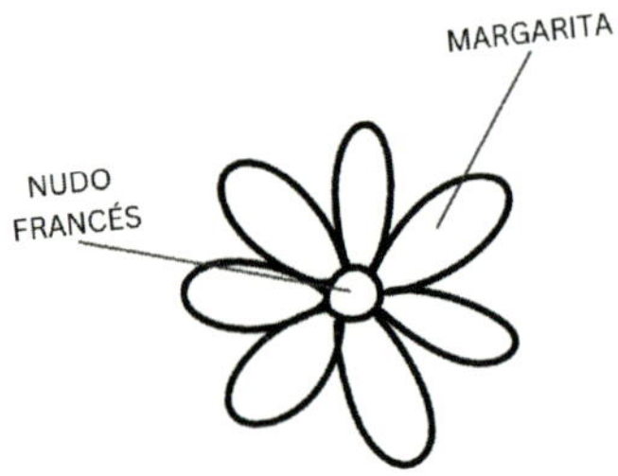

Pantalón con margaritas

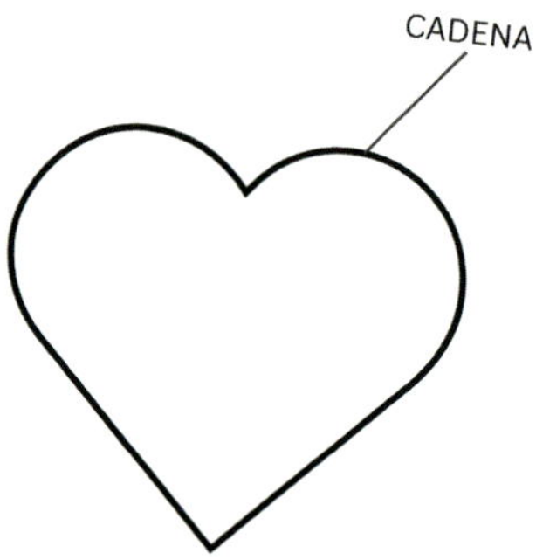

Corazón para el aplique en jersey

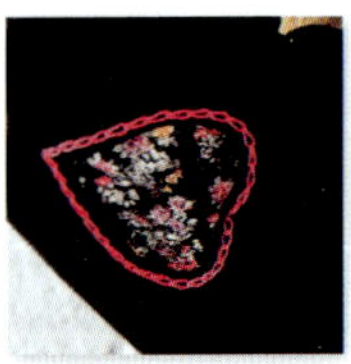

Cazadora sororidad

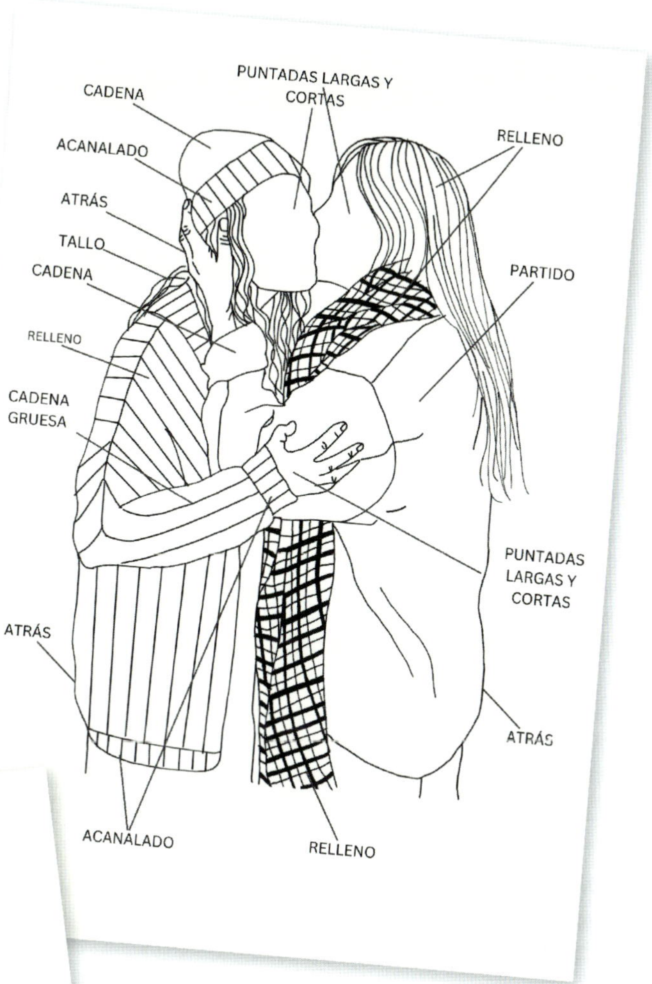

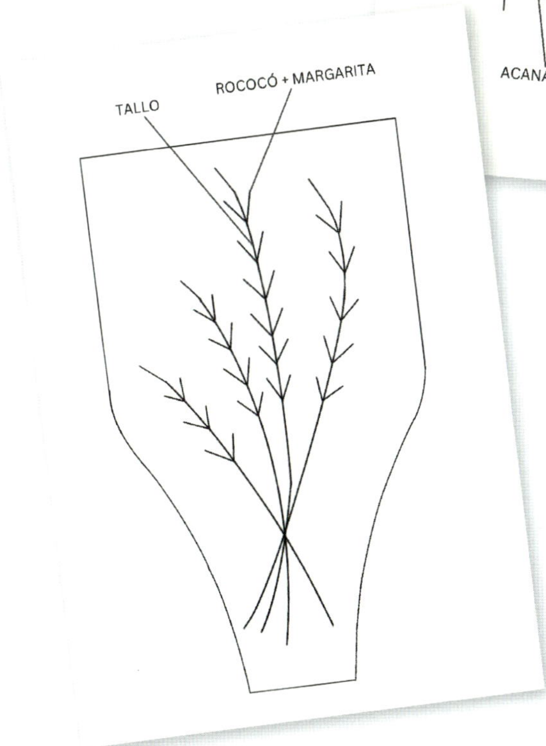

Diadema

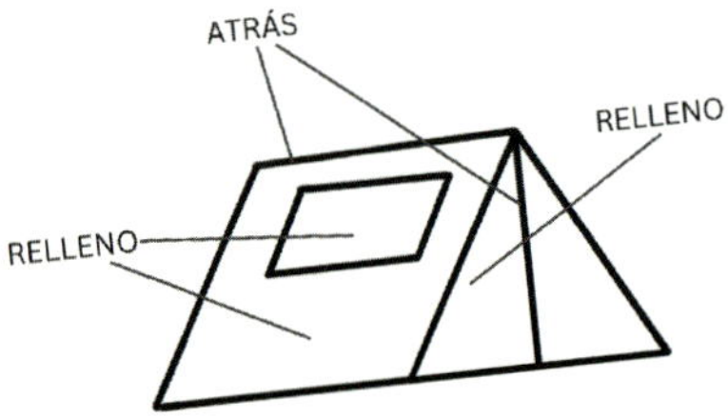

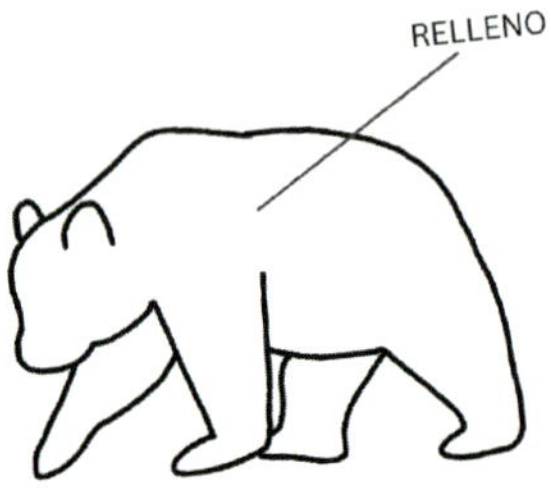

Mochila Kanken

Flores y hojas para zapatilla de tela

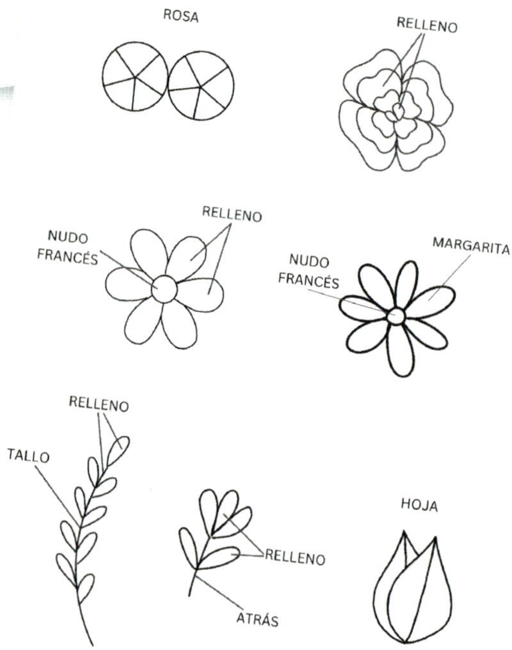

Abeja zapatilla Mary Jane

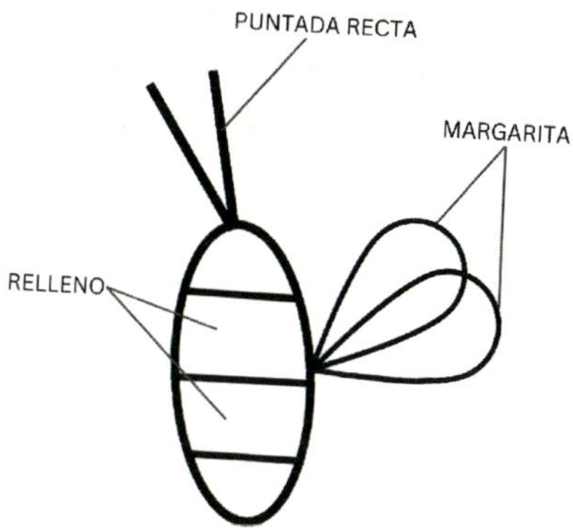

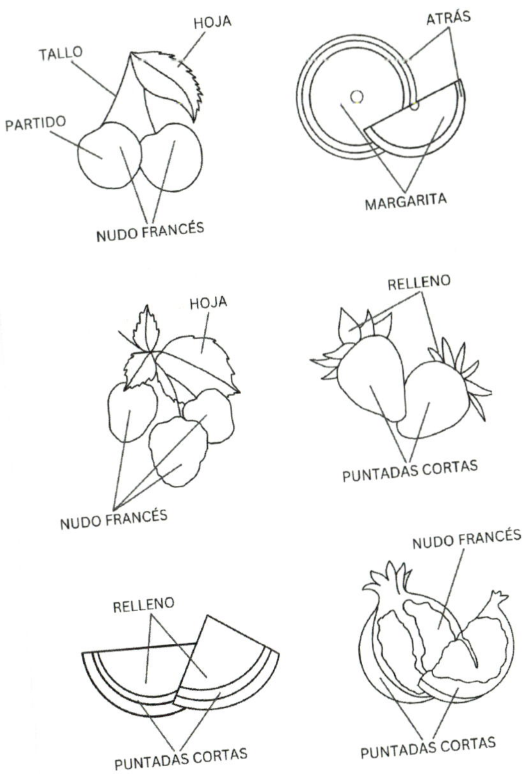

Frutas para las servilletas

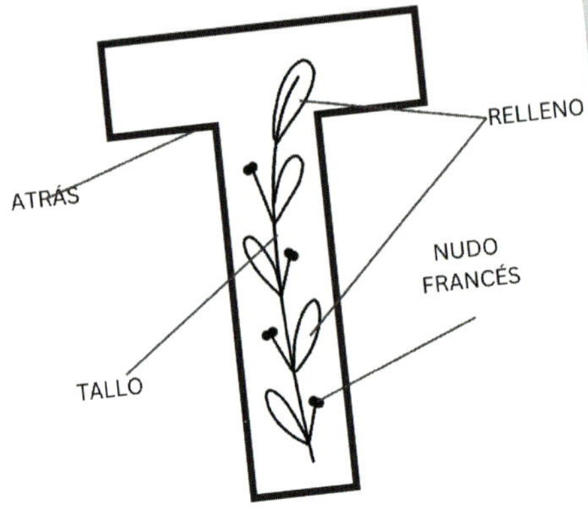

Adornos Navidad

Corrito de cumpleaños

(forma del gorro y bordado)

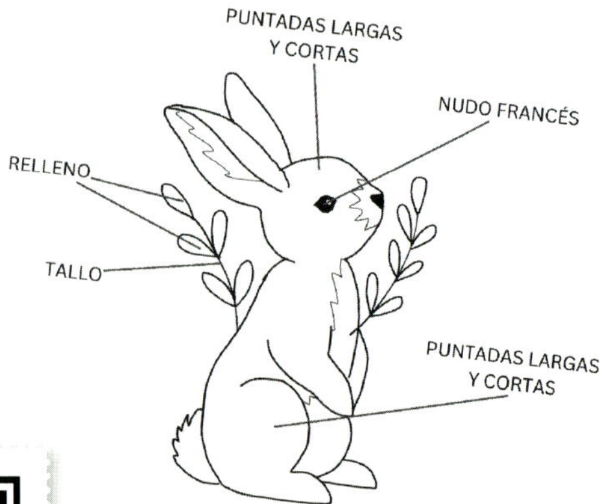

Agradecimientos

A las fotógrafas Agustina y Annie porque me entendieron y captaron la esencia de Camomille a la primera.

A Agustina del Buono, quién se ha encargado de la edición de los vídeos y ha hecho magia una vez más. ¡Eres la mejor Agus!

A Analía Fratti, quién realizó todas y cada una de las ilustraciones de los tipos de puntos. Gracias por tu paciencia y por poner amor en todo lo que haces.

A Fjallraven por enviarme la mochila Kanken y porque siempre que les presento una idea me apoyan en mis proyectos.

A DMC por su apoyo con materiales y también por acompañarme siempre en esta aventura textil.

A Bárbara Behs, de Santa Bárbara, por enviarme la tela más bonita del mundo con las ranitas a conjunto.

A mis amigas Irene y Judith por ser mis mejores consejeras, darme ideas y el mejor feedback.

A mi marido, Maurici, porque el 2024 ha sido un año movidito y sin él a mi lado nada de esto existiría. T'estimo.

Y, por último, a mi comunidad, a tí que tienes este libro entre las manos, porque Camomille solo es posible gracias a tu apoyo y tu cariño incondicional.